La misión de Editorial Vida es ser la compañía líder en comunicación cristiana que satisfaga las necesidades de las personas, con recursos cuyo contenido glorifique al Señor Jesucristo y promueva principios bíblicos.

ABRAZADOS POR EL ESPÍRITU
Edición en español publicado por
Editorial Vida – 2012
Miami, Florida

© 2012 por Charles R. Swindoll

Originally published in the USA under the title:
Embraced by the Spirit
Copyright 2010 by Charles R. Swindoll
Published by permission of Zondervan, Grand Rapids, Michigan

Traducción: *Erma Lovell Swindoll-Ducasa*
Edición: *Carmen Montgomery*
Diseño interior: *Words for the World, Inc.*

ISBN: 978-0-8297-5917-4

Categoría: Vida cristiana / Crecimiento espiritual

Impreso en ESTADOS UNIDOS DE AMÉRICA
Printed in THE UNITED STATES OF AMERICA

12   13   14   15   16   ❖   7   6   5   4   3   2   1

~~ INTRODUCCIÓN ~~

Si usted se siente verdadera y plenamente realizado en su vida espiritual, rara vez frustrado y rara vez insatisfecho, este libro no es para usted. No hay necesidad de que siga leyendo.

Sin embargo, si anhela, de la misma manera que me sucede a mí, una relación más íntima e ininterrumpida con el Dios viviente, en la que usted y él están «sincronizados», y en la que con regularidad percibe su presencia y experimenta su poder, recorramos juntos las páginas siguientes.

La mayoría de las personas, junto a las que se sientan en la iglesia, viven con un temor constante y persistente de que se están perdiendo de algo en su andar como creyente. Su fe intelectual está intacta, pero su intimidad con Dios brilla por su ausencia. Nadie puede discutir con ellos en cuanto a lo que creen, pero hace mucho tiempo que su corazón no se conmueve con fe renovada. Lo que empeora aun más el cuadro es que hace años que no exploran nada nuevo en la Palabra de Dios. Y para evitar que se los califique de «raros», se mantienen alejados de cualquier cosa relacionada con el Espíritu Santo. No se adentre demasiado en dicha senda para evitar que lo rotulen de «emocional» o de «caer en error».

Yo digo que eso es trágico. Si usted es uno del vasto número de cristianos que nunca han conocido el gozo, el puro éxtasis, de andar más íntimamente con Dios; pese a saber que había más, mucho más… es mi esperanza que estas páginas lo atraigan, le calmen los temores, le animen a quedar más apretadamente envuelto en su abrazo. Comprendo lo que ha estado atravesando y le doy la bienvenida como compañero peregrino que está cansado de una existencia estéril, improductiva y previsible. ¡La promesa de Jesús de una «vida abundante» sin duda incluye más que eso!

A la mayoría de nosotros nos intriga el Espíritu Santo. Al igual que una polilla con una lámpara, su brillante calidez nos atrae. Es nuestro deseo acercarnos más, conocerle íntimamente. Anhelamos entrar en nuevas y estimulantes dimensiones de su obrar y, sin embargo, nos detenemos. Titubeamos… temerosos de equivocarnos o de ser mal interpretados. Me consta que ese era antes mi caso, y sospecho que usted a menudo se siente igual.

He descubierto que con frecuencia una de las mejores maneras de atraer las respuestas correctas es comenzar con las preguntas acertadas. Quizá eso fue lo que en primera instancia me atrajo a un libro encantador que se titula *Cartas que los niños le escriben a Dios*.

Una niñita llamada Lucy le preguntó a Dios: «Querido Dios: ¿Eres verdaderamente invisible, o se trata de un simple truco?».

Norma preguntó: «Querido Dios: ¿Era tu intención que la jirafa tuviera ese aspecto, o fue un accidente?».

Una de mis preferidas la preguntó Nan: «Querido Dios: ¿Quién traza las líneas alrededor de todos los países?».

Anita le inquirió: «Es cierto que mi padre no entrará al cielo si usa en la casa las palabras que usa en el juego de bolos?».

¡Cómicos, encantadores, inocentes… y sumamente perspicaces! ¿Acaso no lucha usted de vez en cuando con preguntas similares?

Guardé la pregunta de Seymour para el final: «Querido Dios: ¿Por qué hiciste todos esos milagros en la antigüedad y no haces ninguno en la actualidad?».[1]

¿Acaso eso es verdad? Sin duda puede parecer cierto. «Querido Dios: ¿Se han acabado todas esas cosas grandes y poderosas? ¿Hasta allí llegó el ministerio del Espíritu? ¿Hemos llegado al fin de su presencia significativa y de su obrar poderoso?».

Dichas preguntas son válidas. He aquí algunas más que exigen una respuesta. Exploraremos cada una de manera más detallada en nuestra travesía juntos:

- ¿Quién es el Espíritu Santo?
- ¿Por qué necesito al Espíritu?
- ¿Qué significa ser lleno del Espíritu?
- ¿Cómo sé que me guía el Espíritu?
- ¿Cómo me libra del pecado el Espíritu?
- ¿Puede impulsarme hoy el Espíritu?
- ¿Sana el Espíritu en la actualidad?
- ¿Cómo puedo conocer —verdaderamente experimentar— el poder del Espíritu?

Exploraremos las respuestas a cada una de dichas preguntas en los capítulos siguientes al descubrir personalmente las razones verdaderas por las que necesitamos al Espíritu. También aprenderemos el increíble cambio que puede obrar en la manera de conducir nuestra vida en forma personal.

Durante mis años de crianza, mis años en el seminario inclusive, me mantuve a una distancia prudente de la mayoría de las cosas relacionadas con el Espíritu Santo. Me enseñaron a ser cauteloso, que lo estudiara desde cierta distancia doctrinal, sin entrar de manera muy íntima en ninguno de los ámbitos de su obrar sobrenatural. La explicación del Espíritu era una cosa aceptada y fomentada, no así el experimentarlo. El abrazarlo era impensable. Hoy lamento esto. He vivido lo suficiente y ministrado con la amplitud necesaria como para darme cuenta que el acercarme a él no solo es posible, sino que es precisamente lo que Dios quiere.

Mi gran esperanza en estas páginas es que pueda distanciarme del fragor de la batalla teológica que analiza y critica, y acercarme silenciosa e íntimamente a Aquel que fue enviado para ponerse a la par y brindar ayuda. Él ansía capacitarlo a usted y a mí con su presencia dinámica. Está dispuesto y tiene la capacidad de cambiar nuestra actitud, dar calidez a nuestro corazón, mostrarnos cómo y dónde andar, consolarnos en nuestras luchas, fortalecernos en los lugares débiles y frágiles de nuestra vida y textualmente revolucionar nuestro peregrinaje desde este planeta al paraíso. La transformación interior es su especialidad.

Francamente, se trata de un libro más para el corazón que para la cabeza.

Lo invito a ingresar a la travesía a un nivel personal. Otros estudios pueden hallarse que aborden dicho tema a un nivel más cognitivo, prestando atención a matices teológicos, e investigando cada detalle de manera exhaustiva. Sin embargo, en nuestro recorrido conjunto de las páginas siguientes, en lugar de confinar al Espíritu de Dios a un estante de biblioteca, invitémoslo al cuarto. El Espíritu de Dios fue enviado, en última instancia, a ser partícipe de nuestra vida cotidiana... a ser experimentado de manera *íntima*. Dios tuvo la intención de que nuestra relación fuera cercana, creciendo en profundidad y proximidad.

Nunca olvide lo siguiente: Al Espíritu Santo le interesa transformarnos de adentro para fuera. Su proximidad hace que esto se ponga en acción. Él obra de docenas de maneras diferentes, algunas de ellas sobrenaturales. A él le interesa mostrarnos la voluntad del Padre. Está listo para proporcionarnos la dinámica necesaria para experimentar satisfacción, gozo, paz y contentamiento a pesar de nuestras circunstancias. El abrazar al Espíritu nos brinda la perspectiva correcta para entrar en dichas experiencias (y en tantas otras). ¿Acaso no es hora de que eso se convierta en realidad?

Lo invito a que me acompañe y haga la travesía conmigo. No hay nada que temer, solo grandes gozos por descubrir al seguir su guía.

Charles R. Swindoll
Frisco, Texas
Verano 2010

¿Quién es el Espíritu Santo?

Uno de mis momentos más inolvidables ocurrió cuando tenía unos diez años. Mi padre sirvió a nuestro país durante la Segunda Guerra Mundial en una planta en nuestra ciudad, construyendo todo tipo de equipos interesantes para los enormes tanques, aviones de caza, y bombarderos que nos defendían en tierras lejanas. Papá trabajaba largas horas, poniéndole mucho esfuerzo. Como consecuencia sufrió un colapso físico, seguido de un trauma emocional que dejó a todos perplejos, incluyendo a los médicos.

Estaba convencido en mi corazón de que mi papá moriría. Quizá él también haya tenido pensamientos similares, porque una noche me llamó a su habitación para una conversación sombría de padre a hijo, expresada en términos extremos. Recuerdo haberme apoyado con fuerza contra su cama, mientras escuchaba atentamente una voz que apenas superaba un susurro. Pensé que lo escucharía por última vez. Me aconsejó con respecto a la vida: cómo debía vivir, cómo debía comportarme siendo su hijo. El consejo no fue largo. Luego salí y crucé el pasillo hasta la habitación que compartía con mi hermano mayor. Estando solo, me recosté sobre la cama, convencido de que nunca volvería a ver a mi papá con vida.

Esta escena me persigue. Si bien mi papá se recuperó y llegó a vivir tres décadas más, todavía recuerdo la noche que me habló.

Algo muy significativo queda envuelto en nuestras palabras finales. Considere esa noche en Jerusalén cuando el Señor y sus discípulos se reunieron a fin de celebrar la cena pascual, lo que denominamos «La última cena». Menos de doce horas después de que los discípulos se sentaran junto al Salvador durante esa misma comida, Jesús fue clavado a una cruz. Tan solo unas pocas horas después, estaba muerto. Jesús comprendía el significado de esos momentos y la importancia de su último consejo. Así fue que dio a sus discípulos exactamente lo que les haría falta sobrellevar durante el resto de sus días. En ese pequeño cuarto hicieron a un lado los vasos y utensilios de madera, y toda mirada se clavó en él y todo oído le prestó atención a fin de escuchar su voz. El dolor que sentían casi no les permitió asimilar las últimas palabras de su Señor mientras les enseñaba cómo podrían seguir viviendo… sin él.

Registrados por el discípulo Juan —quien se había sentado al lado del Señor durante esa cena y que posteriormente había meditado acerca de dichos acontecimientos durante sesenta años antes de expresarlos en su Evangelio— el consuelo y la instrucción que brotaron de los labios moribundos de nuestro Señor cobran vida en Juan 13 al 17.

DOS SECRETOS ACERCA DE LA VIDA CRISTIANA

Jesús les comunicó a sus hombres dos secretos: dos pilares de verdad que brindan apoyo a todas las otras verdades acerca de la vida cristiana… verdad que haría que se enfocara la vida después de su muerte. La primera se relacionaba con él, y tenía que ver con lo que sucedió cuando vino. La segunda se relaciona con nosotros y tiene que ver con lo que sucedería cuando él se fuera… y lo que ha sucedido desde entonces.

Primeramente, la verdad acerca de él: Jesús les manifestó a sus discípulos que el secreto de su vida victoriosa era su unión vital con su Padre. Se refirió a su padre repetidamente al hablar esa noche. Les dijo que cuando vino a la tierra fue con la bendición del Padre;

era en el poder del Padre y mediante la guía del Padre que le era posible ministrar. Además, era la voluntad del Padre que proclamara la palabra del Padre. Como nunca se había quebrado esa unión vital, había podido llevar una vida perfecta, lo cual lo calificaba para morir como sacrificio por el pecado a favor del hombre.

Pero no se detuvo allí. El segundo secreto fue acerca de sus seguidores: que nuestra vida victoriosa depende de nuestra unión vital con el Espíritu Santo. Si habitualmente fuéramos capacitados por el Espíritu que mora en nosotros, podríamos conocer el tipo de vida que él vivió. Ian Thomas hizo una buena descripción de esto: «La vida que vivió lo calificó para la muerte que murió. Y la muerte que murió nos califica para la vida que vivió».

Jesús nos dijo que la vida que vivió podemos vivirla día tras día cuando recurrimos al poder del Espíritu de Dios que mora en nosotros. Lea esto como una nueva noticia para usted: por medio de su Espíritu, verdaderamente podemos vivir como Cristo.

Sin duda los discípulos quedaron confundidos al escuchar acerca de «un Espíritu». La mente les quedó dando vueltas ante su declaración: *«Me iré»*. Quedaron paralizados, prendidos a dicha declaración, incapaces de formular ninguna de las preguntas que más tarde ponderarían. Quedaron conmocionados. Jesús destacó que ni siquiera tuvieron curiosidad por saber a dónde iría. No podían lidiar con la noticia de su partida, de la misma manera que yo, siendo niño, no pude lidiar con la posibilidad de que mi padre hubiera partido para cuando llegara la mañana. Al luchar con esa tragedia, y siendo incapaz de superarla, me deshice en lágrimas.

Así les sucedió a los discípulos. «[Se entristecieron] mucho» (Juan 16:6). El vocablo griego que se usa aquí para *entristecerse* significa «profunda pena»… el dolor devastador que acompaña la pérdida de alguien que amamos. Jesús comprendía todo lo que ellos experimentaban. Él veía que el dolor y el temor se habían apoderado de ellos.

Todos tenemos el gran deseo de dar la impresión de que podemos hacer frente a cualquier cosa que se presente. Deseamos aparentar seguridad, aun cuando nos sentimos muy inseguros. La gran mentira es que «podemos hacer frente a todo». La verdad es que, en lo profundo de cada uno de nosotros, anhelamos que se nos cuide. Ansiamos que nos sostengan con seguridad. Cuando algún terremoto nos roba esa seguridad, se sueltan las amarras de nuestros cimientos. Sucede cuando nos enfrentamos a la posibilidad de una enfermedad terminal o la muerte inminente de un ser querido o el peligro en el campo de batalla. ¿Cuántos soldados enloquecen en la lancha de desembarco aun antes de entrar al agua? La inminencia del peligro o de la separación produce sentimientos de inseguridad desesperante. Eso les sucedió a los discípulos. Y Jesús dijo: «Presten atención, la tristeza les ha llenado el corazón. El dolor los ha paralizado. Lo comprendo».

Pero no los abandonó en ese lugar desesperado. Les prometió: «No los voy a dejar huérfanos; volveré a ustedes» (Juan 14:18).

Nosotros podemos leer eso con calma… pero trate de imaginar a los discípulos que lo escuchaban por primera vez. Se les habrá hecho un nudo en el estómago ante la palabra *huérfano*, pues exactamente así se sentían. Durante más de tres años habían sido inseparables. Jesús estaba presente cuando despertaban. Permaneció con ellos prácticamente durante cada situación que les tocó enfrentar. Cuando pedían ayuda, él estaba cerca, listo para intervenir. Cuando decían «Buenas noches», él respondía sin demora. De repente todo eso cambiaría. Él los dejaría… permanentemente. Y si bien eran adultos, el golpe de su partida los dejaba con la sensación de ser huérfanos.

Les conté de la noche en que pensé que mi papá dejaba a nuestra familia. Para nuestra sorpresa, se recuperó y vivió unos treinta y cinco años más, incluso vivió más que mi mamá y vivió lo suficiente para vernos crecer a todos. Sin embargo, su partida de esta vida en 1980 marcó un pasaje en mi vida después del cual nada volvería a ser igual. No habría más visitas. No habría más llamadas telefónicas. No habría más oportunidades de sentarse a conversar sobre algo y contar con que él escuchara y respondiera. En cierto modo extraño desde aquel día, hay ocasiones en los que me siento huérfano. Aún echo de menos el poder ver a mi padre, escuchar su voz, observar cómo responde.

Así se sentían los discípulos. Ya no comerían juntos. No habría más conversaciones junto al mar. No habría más conversaciones calmas en torno al fogón por las noches. No compartirían más risas… ni lágrimas… ni lo observarían lidiar con alguna situación peliaguda. *Huérfanos.*

Me encanta la compasión que Jesús les tiene en ese momento. Escogió con cuidado sus palabras. «No los voy a dejar huérfanos… Tengo una solución». El plan B ya estaba en marcha. La respuesta que les dio Jesús fue la persona del Espíritu Santo.

«No los voy a dejar huérfanos»

Y yo le pediré al Padre, y él les dará otro Consolador [textualmente, otro de la misma clase] para que los acompañe siempre: el Espíritu de verdad, a quien el mundo no puede aceptar porque no lo ve ni lo conoce. Pero ustedes sí lo conocen, porque vive con ustedes y estará en ustedes (Juan 14:-16–17).

¡Ajá! Jesús les prometió que su reemplazo sería «otro Consolador». O sea, el Espíritu Santo. Y cuando ese otro Consolador llegara, se convertiría en una parte integral de su vida. Moraría dentro de ellos. A diferencia de Jesús, que solo había estado *con* ellos, él (el Espíritu) estaría *en* ellos. ¡Enorme diferencia! Unos pocos días después, cuando el Espíritu llegara, entraría en ellos, y viviría dentro de ellos para siempre. Se acabaría el compañerismo temporario; la presencia del Espíritu sería (y aún lo es) una presencia permanente. Nunca antes había ocurrido eso. Ni siquiera en la vida de esos grandes del Antiguo Testamento. Pero de ahora en más… ¡sí!

Jesús debió partir a fin de que el Espíritu diera comienzo a su morada interior permanente. Jesús lo dejó en claro: «Pero les digo la verdad: Les conviene que me vaya porque, si no lo hago, el Consolador no vendrá a ustedes; en cambio, si me voy, se lo enviaré a ustedes» (Juan 16:7).

La pregunta que nos surge es: *¿Por qué convenía que Jesús se fuera? ¿Por qué resulta más beneficioso tener al Espíritu Santo que a Cristo mismo?*

Eso no es muy difícil de responder. Jesucristo, estando en la tierra, habitó en un cuerpo. Por lo tanto, solo podía estar en un lugar a la vez. Cuando estaba en Nazaret, no estaba en Jerusalén. Cuando estaba cerca de las playas del norte de Galilea, no podía estar caminando junto al Mar Muerto. Solo podía estar en un lugar a la vez. Sin embargo, cuando se fue de la tierra, y envió al Espíritu, el Espíritu de Dios, siendo omnipresente (la capacidad de Dios de estar en todas partes), podía llenar y capacitar con el mismo poder a un hombre en Palestina, una mujer en Siria, e incluso otro individuo en la lejana Italia. En el mismo momento que usted experimenta poder como el que experimentó Jesús del Padre, un creyente en Angola o en Alaska o en el extremo sur de Australia puede experimentar ese mismo poder en el mismo momento.

«Les conviene que me vaya», dijo Jesús. «De esa manera no es necesario que estén conmigo físicamente para tener mi fuerza. Les proporcionaré esa fuerza interior que necesitan, y nunca los dejará». ¡Qué grandioso plan! La reacción fue temor; la solución fue el Espíritu de Dios.

ABRACEMOS LA PERSONA DEL ESPÍRITU SANTO

Jesús se refirió al Consolador como una persona, no como una cosa. Para la mayoría de la gente, la persona, la obra y el ministerio del Espíritu Santo son poco más que un misterio. No solo es invisible sino también un tanto fantasmagórico… particularmente cuando, durante años, se han referido a él como si fuera una «cosa», y se le ha denominado *Espíritu* Santo. Se hace difícil abrazar la totalidad de dicho concepto.

Todos nosotros tenemos padres terrenales, de modo que no nos resulta tan difícil comprender el concepto de un Padre celestial. En los hogares tradicionales, el padre es el que está al mando, y toma las grandes decisiones, y en última instancia es responsable de la protección, dirección, liderazgo y estabilidad de la familia en general. Existen excepciones, pero a fin de cuentas, es papá quien otorga el voto final. Respetamos y honramos a Dios el Padre. Lo adoramos en la majestad y la belleza de su santidad.

Nos identificamos mucho más fácilmente con Jesús. Si bien es el Hijo de Dios, nació como ser humano y se crió junto a sus padres, de manera muy semejante a nosotros. Como fue una persona de carne y hueso, tenemos una imagen mental tangible de Cristo. Incluso su papel como el Hijo de Dios nos resulta bastante claro. Nuestro conocimiento de su sufrimiento y muerte nos lleva a sentirnos cercanos a él y agradecidos a él. Él es quien nos señala al Padre. Él fue quien puso en marcha el plan del Padre. No solo amamos a Jesús, sino que le adoramos.

Pero, ¿el Espíritu Santo? Para muchos, sigue siendo la «cosa» divina. Ni siquiera nos ayuda mucho cambiar su título a «Espíritu». Sin duda para un novato el nombre suena raro. Si su nombre es impreciso, no es de sorprenderse que para la mayoría su obra y ministerio resulten misteriosos. Y como los que intentan explicar sus obras suelen ser los teólogos, los cuales frecuentemente son notorios por ser profundos y poco precisos, no es de sorprenderse que la mayoría de las personas no tengan noción en cuanto a comprender quién es él. Con razón no nos sentimos íntimamente relacionados con él.

Pero ¡ya no! Dios no es pasivo. Él no solo alberga la esperanza de que estemos bien; él es proactivo, y envía su Espíritu a fin de que nuestra seguridad sea innegable.

PASEMOS DE LO TEÓRICO A LO RELACIONAL

Francamente, soy tan culpable como esos teólogos de pensamiento complejo que han intentado «explicar» al inescrutable Espíritu de Dios. Allá por la década de 1960, enseñé un curso sobre el tercer integrante de la Trinidad. Cuando tomé mi bolígrafo con el fin de escribir este libro, pensé que podría ser útil echarle una mirada a esos viejos apuntes. Mi problema inmediato fue localizarlos. ¿Acaso los había archivado bajo la *E* de «Espíritu Santo»? No. ¿Qué tal la *S* de «Santo»? No. O la *T* de «Trinidad». Ni por casualidad.

Seguí buscando hasta desenterrarlos… archivados bajo la *P* de *pneumatología*. ¡Asombroso! Eso le comunica bastante en cuanto a mi manera de abordar el tema del Espíritu Santo hace cinco décadas: estrictamente teórica y teológica… para nada relacional.

No me malinterprete. La teología no tiene nada —absolutamente nada— de malo. La sana doctrina nos proporciona fuertes raíces. Los que carecen de dicha estabilidad pueden fácilmente caer en extremismo y error. Sin embargo, no es suficiente investigar un tema tan íntimo desde una distancia impersonal, manteniendo todo prudentemente teórico y fríamente analítico. Ya hubo demasiado de eso. Nos hace falta una investigación mucho más personal del obrar íntimo del Espíritu. Es necesario que seamos abrazados por el Espíritu sin perder nuestra ancla en la verdad teológica.

Hay que reconocer que algunas de las obras del Espíritu parecen más teóricas que vivenciales. Pero el mirarlas más de cerca hace que se vuelvan muy personales. Por ejemplo:

- *El Espíritu es Dios, en pie de igualdad, coexistente y coeterno con el Padre y el Hijo.*
- *Al ser hijo de Dios, Dios mismo habita dentro de usted.* San Agustín, que en cierta ocasión notó que cedía al pecado, dio la vuelta y corrió. Finalmente, estando solo, se detuvo y, apoyando la cabeza en las manos, dijo: «Oh alma, ¿acaso no sabes que llevas a Dios a todas partes contigo?»
- *El Espíritu posee todos los atributos de la deidad.* Todo lo que escuchó acerca de Dios —su omnipresencia, su omnipotencia, su omnisciencia— pueden decirse acerca de su Espíritu. De modo que cuando necesite fuerza, el Espíritu está presente para dársela. Cuando necesite confianza… fe… consuelo… puede obtener todo lo que le haga falta de su Espíritu.

- *El Espíritu regenera al pecador que cree.* Su salvación, posibilitada por la muerte de Jesús en la cruz, se logra personalmente en su corazón por medio del Espíritu de Dios. Él da vida a esa parte inmaterial de usted que se hallaba absolutamente muerta en pecado. Le da vida de una manera nueva y eterna.

- *El Espíritu nos bautiza en el cuerpo universal de Cristo.* Usted tiene una nueva identidad, una nueva familia. Tiene parientes de los que ni siquiera está enterado. Está conectado mediante un vínculo común que lo hace recorrer todo el camino hasta volver a la cruz. Por causa del Espíritu, usted y yo somos miembros de la familia de Dios.

- *El Espíritu mora dentro de todos los que se han convertido.* Usted nunca está solo. Su vida cotidiana cobra una dimensión eterna porque él vive dentro de usted. Las catástrofes de la vida se pueden sobrellevar porque cuenta con un propósito diferente para la vida.

- *El Espíritu nos sella, manteniendo a cada creyente firmemente en la familia de Dios.* No tiene porqué temer que habrá de perder lo que Dios logró a su favor… partiendo de la salvación. Usted no hizo nada por merecerla; el Espíritu garantiza que no la perderá. Él lo tiene cubierto.

¡Y ese solo es el principio!

Estas verdades son tan profundamente personales que nos llevará un buen tiempo desempacarlas; no obstante, es una travesía maravillosa. Lo que estamos por descubrir es la diferencia práctica que puede obrar el Espíritu en nuestra vida a un nivel personal y permanente.

Llevo casi cincuenta años de ser pastor. Año tras año, después de conversar con las personas antes de predicar o mientras estoy de pie al frente de la iglesia después de un culto de alabanza, logro comprender las preguntas que se hacen las personas. Sin exagerar, la mayoría de los asuntos que están en el corazón de las personas se pueden responder con un entendimiento práctico de la forma en que obra el Espíritu de Dios en la vida del cristiano.

Haré hincapié en el lado práctico del Espíritu Santo, las dimensiones rara vez mencionadas de su obra dentro de nosotros en forma individual y de su ministerio entre nosotros en forma colectiva. ¿Por qué? Porque estas son las cosas que nos brindan cierta ventaja para vivir en un mundo maldito por el pecado, rodeados de personas que han perdido su impulso de vida. Cuando estas cosas cobran vida en nosotros nos convertimos en instrumentos singulares en las manos de Dios. Estoy convencido de que eso es lo que usted verdaderamente desea. Francamente, ¡yo también! Tenemos todo por ganar y nada por perder al permitir que surja la verdad. Recuerde que la verdad es la que nos hace libres.

El hecho ineludible es este: la mayoría de los cristianos (sí, *la mayoría*) que usted y yo conocemos tiene muy poca dinámica o gozo en su vida. Obsérvelos. ¡Pregúnteles! Ellos anhelan profundidad, pasión, una paz que satisface y estabilidad en lugar de una relación superficial con Dios compuesta de palabras que suenan religiosas sin sentimiento y luchas continuas sin sanidad. Sin duda, la vida de fe no consta solo de reuniones de iglesia, estudios bíblicos, jerga religiosa y oraciones superficiales. Sin duda, el asombroso Espíritu de Dios desea hacer más en nuestro interior que lo que actualmente ocurre. Existen cicatrices que él desea quitar. Hay sentimientos fracturados que él desea sanar. Hay percepciones que él ansía revelar. Hay profundas dimensiones de la vida que a él de verdad le encantaría poner a nuestro alcance. Sin embargo, ninguna de estas posibilidades se dará en forma automática… al menos no ocurrirá mientras él siga siendo un punto estéril e intocable en nuestra pantalla teológica.

Es necesario que nos permitamos ser abrazados por él. Necesitamos la seguridad que proviene de estar completamente rodeados de su protección y su poder. Él es el Consolador que brinda ayuda, ¿lo recuerda? Él es el maestro de la verdad, el que revela la voluntad del Padre, el que regala dones, el que sana heridas. Él es la llama inextinguible de Dios, mi amigo. *Él es Dios*. El mantenerse distanciado de alguien tan vital es peor que estar errado; es totalmente trágico.

Cómo quitar la resistencia entre nosotros y él

¿Acaso todo esto no le resulta apetecible? ¿Acaso no ha ansiado una fortaleza de esa magnitud, una fe así de confiada? Nunca se tuvo la intención de que dichas características se limitaran a los santos del primer siglo. En ningún lugar de las Escrituras encuentro una declaración que limita la presencia o dinámica del Espíritu a alguna era del pasado. El mismo que prometió a un puñado de seguidores atemorizados nuevas dimensiones de capacitación divina, ansía realizar eso en nosotros hoy.

Sinceramente, estoy listo para ese tipo de capacitación, ¿y usted? Usted y yo la necesitamos, y está a nuestra disposición para que la reclamemos… de modo que ¡reclamémosla!

Debo hacer una confesión breve y sincera: un vistazo práctico y personal al Espíritu no se me da en forma natural. Fui criado por una madre muy estable y coherente, y un padre previsible, quienes proporcionaron un hogar sólido en el que mi hermano, mi hermana y yo nos criamos con seguridad. Nos enseñaron a amar a Dios, creer en Cristo, confiar y obedecer la Biblia y ser fieles en asistir a la iglesia. Gran parte de mi teología fue forjada en el yunque de esos primeros años en el hogar.

Al crecer, mis raíces se fortalecieron en los fundamentos de la fe cristiana. Mi capacitación en el seminario hizo que dichas raíces se profundizaran aun más. Cuando me gradué del Dallas Theological Seminary [Seminario Teológico de Dallas], tenía muchas convicciones y pocas preguntas, particularmente en el rubro del Espíritu Santo. Pensé que tenía el tema «ya resuelto», según se dice.

Pero durante una vida de ministerio que me ha hecho recorrer los Estados Unidos y muchos países del extranjero, he descubierto que la obra del Espíritu Santo continuamente me mantiene en desequilibrio. No soy el único en ese sentido. Los que están en el liderazgo eclesiástico dan la impresión de temer que el Espíritu vaya a hacer algo que no podamos explicar. He descubierto que eso produce malestar a muchos... pero debo admitir que a mí me energiza. He llegado a comprender que hay dimensiones del ministerio del Espíritu a las que nunca he recurrido y lugares en este estudio de los cuales sé muy poco. Estoy embarcado en una intensa curva de aprendizaje. He sido testigo de un dinámico poder en su presencia del cual anhelo conocer más de primera mano. Ahora tengo preguntas y un vivo interés en muchas cosas del Espíritu que antes me parecían estables. Dicho claramente, tengo *hambre* de él. Ansío conocer a Dios de manera más profunda e íntima. No soy el único.

La *Amplified Bible* describe el mismo deseo en el gran apóstol Pablo:

> [Pues mi propósito decidido es] que pueda conocerlo [que pueda gradualmente conocerle más profunda e íntimamente, percibiendo, reconociendo y comprendiendo las maravillas de su persona con mayor fuerza y claridad], y que pueda asimismo llegar a conocer el poder que fluye de su resurrección (Filipenses 3:10).

Este conocimiento íntimo y poder práctico es la obra del Espíritu que vive en mí. Anhelo que mi vida sea enriquecida al estar en el seno de su abrazo. Tengo un genuino deseo de experimentar en forma personal las bendiciones desconocidas de intimidad con Dios mismo posibilitadas por su Espíritu.

He llegado a comprender que solo una delgada línea separa lo místico de lo profundo. No me preocupa el misterio. Me consta que nosotros, los seres humanos, nos vemos limitados por todo lo que podemos entender. ¡No nos ocupemos de descifrar lo inescrutable! No tenemos por qué añadir al misterio nuestra propia conjetura. No obstante, estoy convencido de que cuanto más permitimos al «Espíritu de verdad» guiarnos hacia dentro de toda la verdad (Juan 16:13), más nos invita a viajar a mayor profundidad en dichos ámbitos íntimos y misteriosos. Cuanto más podemos mantener al mundo real a la vista, más nos sentiremos envueltos en el abrazo de la consoladora y tranquilizadora presencia del Espíritu. No hay nada que temer.

CÓMO DESCUBRIR LA RELEVANCIA DEL ESPÍRITU

Tras decir eso, permítame preguntarle, ¿alguna vez se le ha mostrado, a partir de las Escrituras, el grado de relevancia del papel que el Señor tenía pensado que el Espíritu Santo jugara en su vida? Antes de concluir el presente capítulo, permítame que le ayude a ver tres contribuciones que él hace, sin las cuales la vida se ve reducida a ser aburrida y gris.

Su dinámica sin parangón entre nosotros
Regrese mentalmente a esa escena en Jerusalén unas horas antes de la cruz. Jesús prometió que vendría el Espíritu. Pero ¿cuándo? Los discípulos probablemente sepultaron esa pregunta en el fondo de su mente a medida que se desarrolló ese terrible fin de semana. Lo interesante fue lo siguiente: cuando vieron al Señor resucitado pocos días después, él volvió a sacar el tema.

Una vez, mientras comía con ellos, les ordenó:

—No se alejen de Jerusalén, sino esperen la promesa del Padre, de la cual les he hablado: Juan bautizó con agua, pero dentro de pocos días ustedes serán bautizados con el Espíritu Santo.

Entonces los que estaban reunidos con él le preguntaron:
—Señor, ¿es ahora cuando vas a restablecer el reino a Israel?

—No les toca a ustedes conocer la hora ni el momento determinados por la autoridad misma del Padre —les contestó Jesús—. Pero cuando venga el Espíritu Santo sobre ustedes, recibirán poder y serán mis testigos tanto en Jerusalén como en toda Judea y Samaria, y hasta los confines de la tierra (Hechos 1:4–8).

En esos últimos momentos antes de que ascendiera el Señor, estaba pensando en el Espíritu. Claro que quería despedirse de sus amigos más íntimos. Deseaba tranquilizarlos: «Cuando venga el Espíritu Santo sobre ustedes, recibirán poder» (v. 8). No *si* viene el Espíritu, sino *cuando* venga. E inmediatamente después de llegar, el poder les transformaría la vida. ¡Él lo prometió!

Ahora bien, Jesús no dijo que el poder empezaría a existir desde ese momento, dado que el poder siempre había sido una de las características de Dios. El poder inició la creación. El poder partió el Mar Rojo. El poder hizo brotar agua de la roca y caer fuego del cielo. A decir verdad, ese mismo poder magnífico había hecho que Cristo volviera del más allá en el momento de su resurrección. Sin embargo, lo que él prometía no eran esas manifestaciones sobrenaturales. Los discípulos no crearían mundos ni partirían mares ni ocuparían el lugar de Dios.

Cristo les prometió un *poder capacitador* que los transformaría de adentro hacia fuera. Otra clase de poder, tal como A. T. Robertson correctamente observara: «No el "poder" que a ellos les preocupaba (organización y equipamiento político para el imperio por orden de Roma)… este nuevo "poder" (*dunamin*), a fin de capacitarlos (de *dunami*, ser capaz de), para lidiar con la extensión del evangelio en el mundo».[1] Jesús decía, en efecto, «Recibirán una nueva capacitación, una nueva dinámica, totalmente diferente de lo que hayan experimentado hasta ahora».

Dicho poder transformador también incluía una confianza interior, a veces hasta el punto de la invencibilidad, independientemente de las contras a las que se verían enfrentados. F. F. Bruce, en su espléndido tomo sobre el libro de los Hechos, declaró que «serían investidos de poder celestial, ese poder mediante el cual, al ocurrir, sus obras portentosas eran realizadas y su predicación se hacía eficaz. Así como Jesús mismo había sido ungido en el momento de su bautismo con el Espíritu Santo y poder, asimismo sus seguidores ahora podían ser ungidos de manera similar y capacitados para llevar a cabo su obra».[2]

El poder (prefiero usar la expresión *la dinámica*) que Jesús prometió a los discípulos en forma directa —e indirectamente a nosotros— era la incomparable ayuda y capacitación del Espíritu, que superaría de manera inconmensurable su propia habilidad humana. ¡Imagínelo! Esa misma dinámica reside dentro de todo cristiano hoy. ¿Pero dónde se fue? ¿Por qué se hace evidente con tan poca frecuencia entre nosotros? ¿Qué se puede hacer para ponerlo en marcha como antes? Esas son las preguntas que me motivaron a escribir este libro.

Su voluntad afirmadora para nosotros

En su declaración previa a su partida, Jesús incluyó una promesa adicional a sus discípulos. «Serán mis testigos», aseveró (v. 8). El Espíritu libraría sus labios a fin de que pudieran dar testimonio coherente acerca de él. Primero en Jerusalén, donde estarían cuando viniera el Espíritu. A continuación en Judea y Samaria, y las regiones circundantes más allá de la ciudad capital. Finalmente, «hasta los confines de la tierra» (v. 8). La presencia del Espíritu los estimularía a seguir avanzando, capacitándoles a hablar con franqueza y denuedo de su Salvador.

Él aún anhela hacer eso dentro y a través de nosotros en la actualidad, afirmando la voluntad de Dios para usted y para mí.

Un rápido vistazo al cuarto capítulo de Hechos revela un resultado de esta dinámica llena del Espíritu: perseverancia. Pedro y Juan habían estado predicando en las calles de Jerusalén, donde luego los funcionarios los arrestaron, enfrentaron y amenazaron. Sin dejarse intimidar por las amenazas, esos dos discípulos se mantuvieron firmes ante los funcionarios. Su calma perseverancia y valentía admirable no pasaron desapercibidas: «Los gobernantes, al ver la osadía con que hablaban Pedro y Juan, y al darse cuenta de que eran gente sin estudios ni preparación, quedaron asombrados y reconocieron que habían estado con Jesús» (Hechos 4:13).

¿Por qué? ¿Por qué se maravillarían los funcionarios religiosos ante hombres sin estudios ni preparación? ¿Qué fue lo que les impresionó? Fue la firme determinación de los discípulos. Quizá hayan pensado: *Estos son de una categoría diferente de humanidad. No se parecen a los soldados con los que tratamos ni a los políticos ni a nuestros pares funcionarios.* Francamente, reconocieron que eran los que seguían a Jesús, hombres que habían estado con Jesús. ¿Cómo sabrían eso? La dinámica.

Poco después, el alto tribunal judío volvió a convocar a los discípulos, y les dijeron sin equívocos que dejaran de predicar.

—Terminantemente les hemos prohibido enseñar en ese nombre. Sin embargo, ustedes han llenado a Jerusalén con sus enseñanzas, y se han propuesto echarnos la culpa a nosotros de la muerte de ese hombre.

—¡Es necesario obedecer a Dios antes que a los hombres! —respondieron Pedro y los demás apóstoles— (Hechos 5:28–29).

Claramente, esa es una dinámica persistente e invencible. Normalmente, el ambiente oficial de un tribunal intimida a las personas. No así a estos hombres.

¿Recuerda Hechos 1:8? «Recibirán poder». Serán testigos. Tendrán perseverancia para mantenerse firmes, pase lo que pase. Dicho poder prometido ahora está a la vista.

Unos pocos momentos después estos mismos hombres capacitados por el Espíritu ponen las cosas en su lugar:

El Dios de nuestros antepasados resucitó a Jesús, a quien ustedes mataron colgándolo de un madero. Por su poder, Dios lo exaltó como Príncipe y Salvador, para que diera a Israel arrepentimiento y perdón de pecados. Nosotros somos testigos de estos acontecimientos, y también lo es el Espíritu Santo que Dios ha dado a quienes le obedecen (Hechos 5:30–32).

¿Y qué sucedió? ¿Acaso se lamieron las heridas y se acurrucaron en alguna cueva hasta que mejorara la situación? ¿Quedaron atemorizados y desilusionados? Unas semanas antes habría ocurrido eso. Ahora no. Aun después de amenazas y azotes brutales, «salieron del Consejo, llenos de gozo por haber sido considerados dignos de sufrir afrentas por causa del Nombre. Y día tras día, en el templo y de casa en casa, no dejaban de enseñar y anunciar las buenas nuevas de que Jesús es el Mesías» (Hechos 5:41–42).

La capacitación del Espíritu: ¡es poder transformador, enviado del cielo! Observe esto: el mismo Espíritu que llenó a los creyentes del primer siglo está dispuesto para llenarnos hoy. Esa misma dinámica puede ser nuestra, la misma osadía y determinación, invencibilidad y perseverancia en medio del peligro.

Su presencia permanente dentro de nosotros

Ubíquese nuevamente con los discípulos en ese aposento alto durante esos últimos momentos íntimos con Jesús. Volvamos a vivir la escena. Perciba la pesadumbre en el ambiente. Aférrese a sus palabras finales. Identifíquese con el pánico creciente en el corazón de los discípulos. *¿Te vas?* Estaban atónitos. Se sentían huérfanos. Algunos quizá lloraron. *¿Nos dejas solos?*

Imagine a su Salvador, su Amigo, Jesús. Imagine cómo el corazón de él se apresuró a brindarles consuelo. *No, no los dejaré solos.* «Yo le pediré al Padre, y él les dará otro Consolador para que los acompañe siempre: el Espíritu de verdad, a quien el mundo no puede aceptar porque no lo ve ni lo conoce. Pero ustedes sí lo conocen, porque vive con ustedes y estará en ustedes» (Juan 14:16–17).

Haga una pausa ahora mismo. Comprenda lo siguiente: Cuando su corazón está atribulado, el pensamiento más devastador, desalentador, paralizante que se le puede ocurrir es: «Estoy solo». ¿No es cierto? «Nadie se interesa», viene a continuación.

Sin embargo, hijo de Dios, tengo una noticia maravillosa: usted *nunca* está solo. El interés de Dios por usted es inconmensurable. Le dio su Espíritu para que lo acompañe. Cuando conoció a Cristo, él fijó su residencia y comenzó a vivir dentro de usted. La palabra *consolador (parakletos)* en sí significa «uno que se convoca a fin de ponerse a la par para ayudar».

Él lo ayuda a enfrentarse a las pruebas del día presente.

Él lo capacita para hacer frente a las exigencias del mañana.

Él lo ayuda a superar el divorcio.

Él lo guía para encontrar a su pareja.

Él lo acompaña a la casa funeraria.

Jueves, viernes, domingo, lunes, él está con usted. Dondequiera que se encuentre —un cuarto de hospital, una residencia de estudiantes, en casa a solas, en un problemático ambiente laboral, con un hijo enfermo, de pie junto a una fosa recién cavada— cuenta con un consolador interior. Él se ha «puesto a su lado» para brindarle ayuda. El Espíritu de Dios ha sido provisto para consolar mejor que nadie. Él lo ama. Nunca lo dejará. Él lo apoya y lo fortalece. Y por causa de su presencia que mora en usted, se despliega ante usted una vida asombrosa.

Me encanta cómo mi amigo Eugene Peterson describe la obra del Espíritu en Efesios 3. Lea esto lentamente, preferiblemente en voz alta. Sus palabras describen lo que aprenderemos juntos en las páginas que siguen:

> Le pido [al Padre] que los fortalezca mediante su Espíritu—no una fuerza bruta *sino una gloriosa fuerza interior*— que Cristo viva en ustedes en la medida que franqueen la puerta y lo inviten a entrar. Y le pido que con ambos pies plantados firmemente en amor, puedan dar cabida con todos los cristianos a las extravagantes dimensiones del amor de Cristo. ¡Extiéndanse y experimenten la anchura! ¡Exploren su largo! ¡Sondeen las profundidades! ¡Elévense a las alturas! Vivan vidas plenas, plenas en la plenitud de Dios» (Efesios 3:16–19 MSG, el énfasis es mío).

Eso es lo que sucede cuando usted y yo somos abrazados por su Espíritu. Por eso vino. ¡Que ese sea nuestro punto de partida al comenzar a experimentar los beneficios inenarrables de la intimidad con nuestro gran Dios!

2

¿POR QUÉ NECESITO AL ESPÍRITU?

En 1983 John Sculley abandonó su puesto en PepsiCo a fin de convertirse en el presidente de Apple, cargo que desempeñó durante diez años. Tomó un gran riesgo al abandonar su posición prestigiosa en una empresa bien establecida a fin de integrarse a una pequeña organización poco conocida que no ofrecía garantías, solo el entusiasmo de la visión transformadora de un hombre. Sculley expresa que realizó el cambio riesgoso después de que el cofundador de Apple, Steve Jobs, lo incitara al formularle la pregunta: «¿Deseas dedicar el resto de tu vida a la venta de agua azucarada, o quieres una oportunidad de cambiar al mundo?».

Los discípulos originales eran un puñado de «desencajados», «una agrupación más bien andrajosa de almas», según lo describió Robert Coleman en su *Master Plan of Evangelism* [Plan supremo de evangelización].[1] Pero el hecho notable es que eran los mismos que luego «[trastornaron] el mundo entero» (Hechos 17:6), según el testimonio de las personas del primer siglo.

¿Cómo puede alguno explicar tal transformación? ¿Acaso tomaron algún curso acelerado, algún seminario enérgico sobre liderazgo? No. Quizá entonces fuera en realidad obra de ángeles, pero atribuida a los discípulos. No, el registro bíblico asevera con

claridad que se trataba del mismo grupo de hombres otrora tímidos que Jesús había enseñado. Quizá alguna «droga celestial» de
gran potencia, alguna sustancia química inductora de milagros,
les fue introducida en el cuerpo cambiando a los hombres de un
día para otro… ¡Basta!

Solo existe una respuesta inteligente: fue la llegada y capacitación del Espíritu Santo. Solo él transformó a esos temerosos hombres reacios en valientes, impetuosos e invencibles mensajeros de
Dios. En lugar de sentirse abandonados y huérfanos, en lugar de
dedicar el resto de la vida al «agua azucarada», se involucraron directamente en el cambio del mundo. En cuanto el Espíritu estable-
ció su morada en ellos, en cuanto se le dio el control pleno de la vida
de ellos, él puso en marcha su programa a toda máquina, y nunca
volvieron a ser los mismos de antes. Ellos personificaron la dinámica de él. Ya no se contenían. Ni siquiera uno de ellos se mantuvo a
la sombra ni procuró hallar pretextos para no obedecer el mandato
del Señor: «Vayan y hagan discípulos de todas las naciones» (Mateo
28:19). En cuanto vino el «otro Consolador» (Juan 14:16), ocurrió
la transformación… transformación inmediata.

UNA BREVE MIRADA A LOS DISCÍPULOS «HUÉRFANOS»

A fin de apreciar dicha transformación tan plenamente como debiéramos, nos hacen falta retratos de antes y después de los hombres
que anduvieron con Cristo. Empecemos con la escena que visitamos
en el capítulo 1: la última cena.

Judas se había ido. La comida se había consumido. El sabor del
pan y del vino aún estaba en la boca de los discípulos cuando el
Señor comenzó a develar la realidad de su partida. El estómago les
daba vueltas al pensar que quedarían sin él. Estaban atribulados,
pese a que él les instaba: «No se angustien» (Juan 14:1). Estaban
perplejos, según lo revela la pregunta de Tomás: «Señor, no sabemos
a dónde vas, así que ¿cómo podemos conocer el camino?» (Juan
14:5). Otro en el grupo estaba molesto por el cambio de planes al

preguntarle: «¿Por qué, Señor, estás dispuesto a manifestarte a nosotros, y no al mundo?» (Juan 14:22).

Más tarde, Pedro le negó... ¡y él era el líder del grupo (Marcos 14:66–72)! Finalmente, a la hora de la verdad, «todos los discípulos lo abandonaron [a Jesús] y huyeron» (Mt 26:56). Todos, sin excepción, abandonaron a su Maestro.

Al ocurrir su resurrección, quedaron sorprendidos ante la idea de que su cuerpo no estuviera en la tumba. Esa misma noche, después de enterarse de su resurrección, los discípulos atemorizados se ocultaron a puerta cerrada. ¿Por qué? Se escondían «por temor a los judíos» (Juan 20:19). Como si eso fuera poco, aun después de que se presentara entre algunos de ellos, Tomás se resistió con firmeza, al declarar que era necesario que fuera testigo presencial de todo, caso contrario (en sus propias palabras) «no lo creeré» (Juan 20:25).

Angustiados, confundidos, molestos, desleales, atemorizados, dubitativos... Estos hombres eran cualquier cosa menos valientes guerreros para Cristo. Dicho sin rodeos, antes de la obra transformadora del Espíritu, ¡eran unos debiluchos! Para ellos, al abortarse el plan de juego original, la misión se consideraba trunca.

A menudo vuelvo a la descripción realista de los discípulos que hace Coleman. Es cualquier cosa menos halagadora.

> Lo que resulta más revelador acerca de estos hombres es que en principio no nos dan la impresión de ser hombres clave. Ninguno de ellos ocupaba cargos prominentes en la sinagoga, tampoco ninguno de ellos pertenecía al sacerdocio levítico. En su mayoría, se trataba de obreros comunes, y probablemente no contaban con ninguna preparación profesional más allá de los rudimentos de conocimiento necesarios para su vocación. Quizá unos pocos de ellos provenían de familias de ciertos recursos considerables, tales como los hijos de Zebedeo, pero a ninguno de ellos se le consideraría adinerado. No tenían títulos académicos en las artes y filosofías de la época. Al igual que su Maestro,

su educación formal probablemente consistía solo de las escuelas de la sinagoga. En su mayoría fueron criados en la sección pobre de las tierras en derredor de Galilea. Aparentemente el único de los doce que provenía de una región más refinada de Judea era Judas Iscariote. Ya sea que se los compare con cualquier norma de cultura pulida de aquel entonces o de ahora, sin duda se los consideraría una agrupación más bien andrajosa de almas. Uno pudiera preguntarse cómo podría Jesús alguna vez llegar a usarlos. Eran impulsivos, temperamentales, se ofendían con facilidad, y tenían todos los prejuicios del medio que les rodeaba. En pocas palabras, estos hombres seleccionados por el Señor para que fueran sus ayudantes constituían una muestra representativa promedio del grueso de la sociedad de su época. No eran del tipo de grupo que uno esperaría que ganara el mundo para Cristo.[2]

Quizá no aprecie un retrato tan franco de los discípulos; sin embargo, partiendo de lo que leo acerca de ellos en los relatos de los Evangelios, resulta certero. Antes de la llegada del Espíritu y de su presencia transformadora en la vida de ellos, exhibían todas las marcas de hombres con menos probabilidad de supervivencia, y ni hablar de tener éxito.

UN DESCUBRIMIENTO REVELADOR DE TRANSFORMACIÓN PERSONAL

Jesús conocía a sus hombres mejor de lo que se conocían ellos mismos. Sabía que Judas era engañador y Pedro arrebatado. Sabía que Tomás luchaba con la duda y que Juan era un soñador. Sabía cuán mezquinos y competitivos eran… cuán egoístas y frágiles. Sabía que los once que quedaron se consideraban extremadamente leales, pero que a la hora de la verdad, se escabullirían en la penumbra. Sabía que una nueva dinámica era imprescindible para que su misión de establecimiento de la iglesia y evangelización del mundo tuviera esperanza alguna de concretarse. Por lo tanto, cuando prometió «otro Consolador», se refería a Uno que los transformaría de adentro hacia fuera. Sabía que la única manera de que pudieran finalmente realizar «obras mayores» que las que él había realizado sería por medio de la presencia y el poder del Espíritu.

Los discípulos ni se imaginaban cuánto les faltaba. La mayoría de ellos (quizá todos) se creían más capaces de lo que en realidad era. Recuerde que Pedro le aseguró a su Señor: «Por ti daré hasta la vida» y «Aunque todos te abandonen, yo no» (Juan 13:37; Marcos 14:29). Qué humillación cuando más tarde se dieron cuenta de que no eran tan resistentes, leales, ni valientes como ellos le habían asegurado que serían.

Todos hemos pasado por eso, ¿no es cierto? Para cuando ocupamos una posición al frente sintiéndonos muy capaces, quedamos derribados de un hondazo provocado por un repentino descubrimiento embarazoso. En ese instante comprendemos que no somos ni tan eficaces ni tan hábiles como creíamos ser.

Max DePree proporciona un espléndido ejemplo de esto en su obra clásica *Leadership Jazz*. La historia cuenta que una compañía metalúrgica alemana cierta vez desarrolló una broca muy fina para perforar el acero. La pequeña broca podía perforar un agujero del tamaño de un cabello humano. Esto parecía ser una innovación sumamente valiosa. Los alemanes enviaron muestras a Rusia, a los Estados Unidos y a Japón, con la sugerencia de que dicha broca era lo más avanzado en tecnología metalúrgica.

De los rusos no obtuvieron respuesta. De parte de los estadounidenses llegó una rápida respuesta inquiriendo en cuanto al precio de las brocas, descuentos disponibles y la posibilidad de contratar una licencia.

Luego de cierta demora, llegó la respuesta cortés y previsible de los japoneses elogiando a los alemanes por su logro, con una posdata en la que indicaban que se incluía la broca de los alemanes con una pequeña alteración. Con entusiasmo los ingenieros alemanes abrieron el paquete, examinaron con cuidado su broca y, para su gran asombro, descubrieron que los japoneses le habían hecho una prolija perforación.[3]

Cuando el Espíritu de Dios se abrió camino penetrando la vida de los que aguardaban su llegada en ese aposento alto en algún lugar de Jerusalén, su presencia transformadora se hizo evidente de inmediato. Cuando observamos los acontecimientos que ocurrieron en la primera parte del libro de los Hechos, podemos ver al menos cuatro cambios entre los que recibieron al Espíritu.

1. *Sus fragilidades humanas se transformaron en dones y habilidades sobrenaturales.*

A partir del momento en que llegó el Espíritu Santo, nada relacionado con los discípulos se mantuvo igual. Cuando su poder, su dinámica (el vocablo griego que se usa aquí es *dunamis*), cayó sobre ellos, incluso hablaron en otra lengua.

> Cuando llegó el día de Pentecostés, estaban todos juntos en el mismo lugar. De repente, vino del cielo un ruido como el de una violenta ráfaga de viento y llenó toda la casa donde estaban reunidos. Se les aparecieron entonces unas lenguas como de fuego que se repartieron y se posaron sobre cada uno de ellos. Todos fueron llenos del Espíritu Santo y comenzaron a hablar en diferentes lenguas, según el Espíritu les concedía expresarse (Hechos 2:1–4).

Trate de imaginar esos fenómenos que ocurrieron uno tras otro.

- Un ruido, un rugido increíblemente estrepitoso (el vocablo griego es la palabra de la que derivamos nuestra palabra *eco*), semejante al ruido de un violento huracán desatando su furia estridente y ensordecedora sobre alguna aldea costera.
- Una gran «bola» de fuego partiéndose en llamas más pequeñas, cada una en forma de lengua que se posó sobre cada persona en el cuarto.
- Cada uno de los individuos fue simultáneamente «lleno del Espíritu», fluyendo de sus labios palabras que nunca

antes habían pronunciado en lenguas que nunca habían aprendido.

Dicha experiencia les revolucionó completamente la vida. Los que habían estado atribulados y temerosos ya no lidiaban con dichos sentimientos. Los hombres que antes se sentían atemorizados, inseguros, confundidos y tímidos nunca más dieron evidencia de tales deficiencias. A partir de ese momento se mostraron osados en la fe y confiados en su Dios. Fueron transformados.

De repente podían hablar en lenguas que no eran las suyas. Dichas lenguas fueron tan claras y certeras que los que los oían quedaron atónitos.

Al oír aquel bullicio, se agolparon y quedaron todos pasmados porque cada uno los escuchaba hablar en su propio idioma. Desconcertados y maravillados, decían: «¿No son galileos todos estos que están hablando? ¿Cómo es que cada uno de nosotros los oye hablar en su lengua materna? Partos, medos y elamitas; habitantes de Mesopotamia, de Judea y de Capadocia, del Ponto y de Asia, de Frigia y de Panfilia, de Egipto y de las regiones de Libia cercanas a Cirene; visitantes llegados de Roma; judíos y prosélitos; cretenses y árabes: ¡todos por igual los oímos proclamar en nuestra propia lengua las maravillas de Dios! (Hechos 2:6–11).

Vale la pena destacar que la palabra original que se usa para *lengua* en los versículos 6 y 8 es el vocablo griego *dialektos*, del cual obtenemos *dialecto*. ¡Sorprendente! Esos galileos sin formación de repente tuvieron la capacidad de comunicarse en los dialectos nativos de individuos provenientes de regiones muy distantes de Galilea.

Y como si eso fuera poco, a algunos del grupo se les otorgó la habilidad sobrenatural de tocar otra vida y restaurar la salud física. En cierta ocasión, Pedro y Juan se dirigían al templo para orar. Pasaron junto a un hombre lisiado de nacimiento que pedía limosna a la puerta del templo. Pedro le dijo:

—No tengo plata ni oro… pero lo que tengo te doy. En el nombre de Jesucristo de Nazaret, ¡levántate y anda!

Y tomándolo por la mano derecha, lo levantó. Al instante los pies y los tobillos del hombre cobraron fuerza. De un salto se puso en pie y comenzó a caminar. Luego entró con ellos en el templo con sus propios pies, saltando y alabando a Dios (Hechos 3:6–8).

Sin embargo, antes de que se nos ocurra la idea de que estos hombres de repente «resplandecieron» con algún tipo de aura o que de alguna manera tuvieron un aspecto diferente, escuchemos el testimonio de Pedro:

Mientras el hombre seguía aferrado a Pedro y a Juan, toda la gente, que no salía de su asombro, corrió hacia ellos al lugar conocido como Pórtico de Salomón. Al ver esto, Pedro les dijo: «Pueblo de Israel, ¿por qué les sorprende lo que ha pasado? ¿Por qué nos miran como si, por nuestro propio poder o virtud, hubiéramos hecho caminar a este hombre? (Hechos 3:11–12).

Es evidente que Pedro y Juan seguían siendo lisa y llanamente Pedro y Juan. No se auto-proclamaban como obradores de milagros ni como sanadores divinos. Daban la impresión de estar tan asombrados por esto como los que habían sido testigos de lo ocurrido. Habiendo sido transformados por el Consolador que había enviado Jesús, los discípulos no convirtieron la escena en un espectáculo para dar gloria al hombre.

2. *Su vacilación temerosa se transformó en confianza valerosa.*
¿Recuerda una escena anterior cuando estos mismos hombres, temerosos de ser descubiertos por los judíos, se ocultaron tras puertas cerradas? Lo que menos querían era que los señalaran como seguidores de Jesús. Estaban paralizados por el temor.

Ahora ya no. Según Hechos 2:40, se volcaron a las calles de Jerusalén predicando a Cristo e instando a personas completamente desconocidas a que se arrepintieran y creyeran en el nombre de Jesús. Más adelante, cuando Pedro y Juan habían sido arrestados y eran sometidos a un interrogatorio, su calma confianza no pasó inadvertida. Sus interrogadores sabían que eran hombres sin estudios y sin preparación; sin embargo, «quedaron asombrados y reconocieron que habían estado con Jesús» (Hechos 4:13).

Los seguidores de Jesús no tenían un aspecto diferente en lo físico. No se convirtieron repentinamente en eruditos. Tampoco pasaron abruptamente a ser hombres cultos y refinados. No, siguieron siendo rústicos pescadores, y lo que pudiéramos denominar un par de «campesinos». Pero en lo profundo de su ser, muy adentro, no se parecían en nada a lo que habían sido. Estaban transformados.

3. *Sus temores fueron transformados en una sensación de invencibilidad.* Estos hombres, al ser invadidos por el Espíritu de Dios, vencieron sus temores.

- En lugar de correr lejos del público, corrieron hacia ellos.
- En lugar de tener la esperanza de no ser vistos, exhortaron a personas completamente desconocidas que se arrepintieran.
- En lugar de mostrarse atemorizados por insultos, advertencias y amenazas, se mantuvieron de pie cara a cara sin pestañear frente a sus acusadores.
- Aun cuando fueron convocados a presentarse ante el Consejo, el supremo cuerpo gobernante de los judíos, este puñado de «hombres sin estudio y sin preparación» se mantuvo de pie como novillos en una tormenta de nieve. Estaban decididos a no echarse atrás, aun cuando se vieran forzados a enfrentar algunos de los mismos jueces crueles y llenos de prejuicios que habían manipulado injustamente los juicios en contra de Jesús de Nazaret. Se negaron a ser intimidados. ¡Qué valor invencible!

¿Dónde puede uno obtener semejante denuedo hoy? ¿Por estudiar en Oxford, Yale o Harvard? Es poco probable. ¿Será posible lograrlo mediante la lectura de las biografías de grandes hombres y mujeres? Eso puede estimularnos la mente, pero no nos puede transformar la vida. Quizá entonces el secreto de semejante denuedo es un mentor, alguien cuyo andar con Dios es admirable y constante. Nuevamente, por útiles que nos puedan resultar los héroes y los modelos de conducta, su influencia no puede repentinamente imbuirnos de valor invencible. Solo el Espíritu de Dios puede hacer que eso suceda.

Solo al llenar él a esos hombres frágiles y atemorizados con su dinámica sobrenatural pudieron cambiar genuina y permanentemente en lo profundo... ser transformados.

4. *Sus sentimientos lúgubres y solitarios de abandono fueron transformados en perseverancia gozosa.*
Acto seguido a su segundo arresto, Pedro y Juan se expresaron con toda libertad. Cuando se les dijo que dejaran de hablar acerca de Jesús, miraron a los de la oposición directamente a los ojos y respondieron: «¡Es necesario obedecer a Dios antes que a los hombres!» (Hechos 5:29). No era lo que deseaban escuchar los acusadores. De modo que azotaron a los apóstoles y nuevamente les ordenaron que no hablaran más en el nombre de Jesús, y luego los soltaron. Los líderes judíos deben haber pensado: *Eso seguramente los callará.*

Pero no lo hizo. Tal como vimos antes:

> Así, pues, [Pedro y Juan] salieron del Consejo, llenos de gozo por haber sido considerados dignos de sufrir afrentas por causa del Nombre. Y día tras día, en el templo y de casa en casa, no dejaban de enseñar y anunciar las buenas nuevas de que Jesús es el Mesías (Hechos 5:41–42).

La *Amplified Bible* [La Biblia amplificada] dice que fueron «dignificados por la indignidad» (v. 41).

Los azotes, la advertencia y la amenaza solo lograron alimentar su determinación. A decir verdad, salieron llenos de gozo. Y al regresar a su grupo de amigos, los corazones de todos se llenaron de gozo... no de tristeza, no de desilusión, sino gozo. ¡Los debiluchos se habían convertido en guerreros!

El Espíritu de Dios debe de haberles hecho recordar las palabras del Señor, que ya no estaba con ellos: «En este mundo afrontarán aflicciones, pero ¡anímense! Yo he vencido al mundo» (Juan 16:33). En efecto, Pedro mismo más tarde escribiría:

> Queridos hermanos, no se extrañen del fuego de la prueba que están soportando, como si fuera algo insólito. Al contrario, alégrense de tener parte en los sufrimientos de Cristo, para que también sea inmensa su alegría cuando se revele la gloria de Cristo (1Pedro 4:12–13).

Lo más probable es que recordara de ese día en el que él y Juan habían sido llevados a rastras delante del Consejo y habían sido injustamente azotados. En lugar de preguntarse «¿Por qué nos abandonó el Señor?» o «¿Dónde está él cuando lo necesitamos?», su perseverancia gozosa produjo triunfo. Nada de resentimiento. Nada de sentimientos de abandono. Nada de compadecerse de sí para los miembros de la agrupación PDM (Pobrecito de mí).

¿Por qué? Porque los discípulos habían experimentado un cambio radical; no estaban sencillamente motivados ni momentáneamente anonadados. Fueron transformados.

Un análisis directo de cómo sucedió

¿Pero cómo? ¿Qué lo causó? ¿Cómo podían estos mismos hombres que anteriormente habían huido buscando un escondite ahora mantenerse firmes, negándose a ceder o incluso a dejarse derribar?

Una explicación posible que se nos ocurre es el *pensamiento positivo*. Quizá uno o dos de los integrantes de la pequeña banda de discípulos echó un vistazo a su alrededor y manifestó: «Ahora que Cristo se ha ido, es hora de que miremos el lado bueno de las cosas y que seamos responsables».

Muy, muy dudoso. El pensamiento positivo no dura mucho cuando a las personas las despellejan a golpes; por cierto no hace que sigan regocijándose en medio de semejante tortura. El pensamiento positivo tampoco hace que repentinamente una persona que natural y normalmente se deja amedrentar se convierta en una persona invencible. El tener una actitud positiva es algo maravilloso, pero no puede producir una transformación total.

Otra posibilidad es un *ambiente mejor*. Quizá la situación se alivió. Quizá el público tuvo un cambio de actitud y se volvió más receptivo y dispuesto a aceptar la responsabilidad de la crucifixión de Cristo. Quizá el propio César haya decidido que los seguidores de Cristo en realidad no eran un gran motivo de preocupación para el poderoso Imperio Romano.

Usted se sonríe. Sabe que las cosas se pusieron cada vez más hostiles, más intensas.

Pues, quizá alguien *enseñó un seminario* acerca del tema «Cómo soportar el sufrimiento: Doce pasos hacia una vida exitosa».

No, a usted le consta que no fue así.

Si alguna vez viaja a Roma, pase un poco de tiempo en las catacumbas. Recorra lentamente las angostas sendas laberínticas que conducen hacia lo profundo de las entrañas de ese mundo subterráneo, y observará escenas que nunca olvidará. Tendrá deseos de gemir al mirar fijamente pequeñas y angostas literas donde se colocaban los cuerpos quebrantados. Hasta es posible que vea escritos o que toque la señal del pez o una cruz, una corona o algún otro recordatorio mudo y a la vez elocuente del dolor. Al rozar esas antiguas tumbas en silencio, gran parte de las cosas triviales, que hoy lee acerca de ser felices al atravesar sufrimiento, le parecerán increíblemente superficiales. A la vez, las pocas señales que vibran con el verdadero triunfo en Cristo cobrarán nuevo significado. Lo que verá de primera mano será la evidencia de vidas transformadas.

La mejor (y la única) conclusión

No se enseñó ningún curso. Ninguna animadora dirigió a los discípulos en recitación de consignas convincentes a fin de producir en ellos una actitud positiva. Ningún cambio ambiental obró en ellos la transformación. Claramente, fue el Espíritu de Dios… nada más. Fue el dinámico poder cambiador de vidas, modificador de actitudes, del Dios viviente que se derramó sobre ellos, residiendo en ellos en forma permanente.

¿Recuerda las promesas de Jesús? Permítame que rápidamente haga un repaso de varias de ellas:

> Yo le pediré al Padre, y él les dará otro Consolador para que los acompañe siempre: el Espíritu de verdad, a quien el mundo no puede aceptar porque no lo ve ni lo conoce. Pero ustedes sí lo conocen, porque vive con ustedes y estará en ustedes. No los voy a dejar huérfanos; volveré a ustedes (Juan 14:16–18).

> Pero cuando venga el Espíritu Santo sobre ustedes, recibirán poder y serán mis testigos tanto en Jerusalén como en toda Judea y Samaria, y hasta los confines de la tierra (Hechos 1:8).

Dios guardó su palabra. Y los discípulos nunca volvieron a ser los mismos de antes.

Una pregunta para sondear que solo usted puede responder

Dejemos a los discípulos de Jesús del primer siglo. Adelantemos rápidamente hasta el presente. ¿Le permite usted al Espíritu de Dios que transforme *su* vida? En el caso de que usted piense que se trata de una pregunta irrelevante, lea las palabras de apertura de Romanos 12:

> Por lo tanto, hermanos, tomando en cuenta la misericordia de Dios, les ruego que cada uno de ustedes, en adoración espiritual, ofrezca su cuerpo como sacrificio vivo, santo y agradable a Dios. No se amolden al mundo actual, sino sean transformados mediante la renovación de su mente. Así podrán comprobar cuál es la voluntad de Dios, buena, agradable y perfecta (vv. 1–2).

No se pierda el doble mandamiento: «No *se amolden…* sino sean *transformados*» (el énfasis es mío).

¿Es usted suficientemente sincero consigo mismo como para responder a mi pregunta? ¿Le permite usted al Espíritu Santo que transforme su vida?

Solo hay dos respuestas posibles: sí o no. Si responde no, hay dos razones posibles. No tiene dentro suyo al Espíritu (i.e, no es cristiano), o bien, él está presente pero usted prefiere vivir a su manera. Me referiré a eso de manera más detallada en las páginas que siguen. Por ahora… permítame que le inste a realizar un poco de introspección.

El asunto que me inquieta es el programa principal del Espíritu Santo: ¿Permite usted que él le transforme la vida? Si responde no, ¿por qué? ¿Acaso será que teme el aspecto que pueda tener eso?

Imagínese lo que significa tener la presencia del Dios viviente dentro de usted. El tercer miembro de la deidad, la invisible pero poderosa representación de la deidad, vive dentro de su ser. ¿Le parece que no puede sobrellevar lo que la vida le lance? ¿Le parece que no puede mantenerse firme o cuando sea necesario estar de pie solo en la vida? ¿Le parece que no puede lidiar con las tentaciones del pecado? A decir verdad, tiene razón; solo no puede hacerlo. Tampoco pudieron esos discípulos. Pero con el poder mismo de Dios puesto en marcha, usted puede hacerlo. A decir verdad, todo el peso se transferirá de usted a él. Es maravilloso.

Jesús les prometió a los hombres en el Aposento Alto que «cuando venga el Espíritu de la verdad, él los guiará a toda la verdad» (Juan 16:13). No solo implica eso que el Espíritu le aclarará las Escrituras, sino que también tomará las circunstancias y le dará claridad para entenderlas. En otras palabras, Él le transforma la mente. Toma las presiones de la vida y las usa para madurarlo a usted. Le transforma el carácter. Lo nutre. Le consuela cuando está quebrantado por causa del temor. Le transforma la esperanza. Le dice que viene otro día, cuando usted no puede ver el final del túnel. Le brinda una razón para seguir viviendo cuando parece que la muerte está cercana. Transforma su manera de pensar. Le transforma el corazón. Le transforma la perspectiva.

¿Eso le suena atemorizante y alocado? No, a mí tampoco. La transformación del Espíritu se ha convertido en mi búsqueda suprema y ruego que también sea la suya. Su transformación, el programa principal del Espíritu. Permita que el Espíritu lo envuelva hoy en su abrazo.

3

¿Qué significa ser lleno del Espíritu?

No conozco a nadie que sea más magnético ni más atractivo que un auténtico cristiano. Cuanto más vivo, mayor prioridad le asigno a la autenticidad. Como auténtico creyente, uno vive lo que cree. Habla la verdad. Ama con generosidad. Reconoce sin demora las fallas. Admite la debilidad sin titubeos. Entre nuestras responsabilidades principales como mujeres y hombres cristianos es que sabemos quiénes somos, aceptamos quiénes somos, y somos quiénes somos.

¿Lo es usted? La ausencia de tal autenticidad explica por qué el mundo a nuestro alrededor ha dejado de creer unas cuantas de nuestras aseveraciones. Han visto demasiada falsedad, lo cual les proporciona una razón valedera para cuestionar la autenticidad del cristianismo actual.

Mi esperanza para el presente capítulo es que comprendamos cómo llevar ese tipo de vida auténtica, que resulta en que nuestra vida confirme la verdad de las Sagradas Escrituras.

En primer y primordial lugar, debemos comprender que la auténtica vida cristiana es imposible e inexplicable sin el Espíritu Santo. El Espíritu de Dios es el poder que subyace a la autenticidad… que subyace a la vida auténtica de todo tipo. No tiene nada que ver con sus circunstancias. Es eso lo que lo torna tan fenomenal.

Si usted no conoce a Cristo como Salvador, por mucho que lo intente, sencillamente no puede —no le es posible— saber de qué hablo. A decir verdad, es muy probable que diga que todo esto es insensato. Eso es comprensible; tal como explica 1 Corintios 2:14, como usted no tiene el Espíritu, no puede aceptar las cosas del Espíritu de Dios. Son «locura», una buena traducción del vocablo griego que significa «insensato».

Sin embargo, la triste realidad es que la mayoría de los cristianos tampoco saben gran cosa de esta clase de vida abundante, semejante a Cristo y auténtica. A muy pocos creyentes se les enseña con precisión a partir de las Escrituras cómo permitir que el Espíritu los llene. Quizá se hable mucho al respecto en las calles y en los bancos de iglesia y haya muchas demostraciones igualmente falsas del poder del Espíritu, pero son muy pocos los que en verdad comprenden el proceso.

De modo que he aquí el secreto… que en realidad ni siquiera es un secreto. Escondido en el quinto capítulo de Efesios se halla la dirección clara e inconfundible en cuanto a lo que significa ser lleno del Espíritu.

¿DÓNDE ESTÁ EL PODER?

Anteriormente, en el capítulo 1, escuchamos a hurtadillas una conversación que Jesús mantuvo con los discípulos después de la Última Cena. Fue la última comida que compartieron antes de que Jesús fuera a la cruz. El Señor prometió enviar su Espíritu a fin de que pudiera siempre estar con ellos (y con nosotros). Juan 14:16 dice así: «Yo le pediré al Padre, y él les dará otro Consolador para que los acompañe siempre». De hecho, un poco después manifestó que no solo acompañaría a los discípulos, sino que «estará en ustedes» (v. 17).

De modo que Jesús, en esa última cena, prometió que llegaría el Espíritu, y al dejar la tierra les recordó que sus seguidores «recibirán poder y serán mis testigos tanto en Jerusalén como en toda Judea y Samaria, y hasta los confines de la tierra» (Hechos 1:8).

Vivimos la vida con un ojo hacia el mundo que nos rodea. No se supone que seamos un clan cerrado, un apretado grupo de personas que viven para ellas mismas. Las sectas obran de esa manera, pero la iglesia no. Como auténtica comunidad semejante a Cristo, vivimos con el propósito de alcanzar al mundo entero con el mensaje del Salvador.

La gente nos observa… pero no siempre queda impresionada. Desean ver que lo que creemos produce una diferencia transformadora en nuestra vida. Más que vernos sobrellevar los desafíos de la vida, desean observar una respuesta sorprendente que no se puede falsificar. La diferencia en nuestra vida, al ser cristianos, se reduce a nuestra forma de responder cuando…

- Nos enfrentamos a una prueba espantosa de la que no podemos escapar
- Una doctora nos dice que está preocupada por las radiografías
- El teléfono suena durante la noche con alguna noticia acerca de un ser querido
- Somos el blanco de un ataque complicado y desagradable

En esos momentos difíciles la mejor respuesta del cristiano es: «Dios, te necesito». Usted necesita que él se presente, le calme los temores y se haga cargo. Por encima de todo eso, necesita la confianza de que él está presente en ese mismo instante. No tiene la expectativa de una voz audible desde el cielo ni de una visión del futuro en alta definición. Nada de eso. Lo que más necesita es la inconfundible confianza interna de que él está presente, que se interesa y que tiene pleno control.

Para esto *necesitamos* al Espíritu. Y para esto *tenemos* al Espíritu.

El Espíritu en usted y en control, obra una notable diferencia. Con demasiada frecuencia nos conformamos con solo sobrevivir… cuando el Espíritu desea capacitarnos con una abundancia de lo que nos hace falta. ¿Cuántas veces nos hemos conformado con un pequeño alivio, siendo que el Espíritu promete proporcionarnos una paz tan penetrante que sobrepasa todo entendimiento (Fil 4:7)?

Cuando experimentamos su poder sobrenatural, lo recordamos toda la vida.

CUANDO EL ESPÍRITU TOMÓ EL MANDO

Permítame que le cuente una historia personal que se refiere a esto. En realidad se trata del temor que tienen todos los padres. Hace unos años, en un cálido y tranquilo viernes por la tarde mi teléfono sonó. Era alguien de la escuela secundaria que me comunicaba que nuestra hija mayor, Charissa, había sufrido un accidente. Había estado ensayando una formación con su escuadrón de porristas cuando la pirámide humana entera se derrumbó. Charissa había estado en la cima y, por consiguiente, tuvo la caída más larga, dándose un fuerte golpe en la nuca. Las piernas y los brazos se le habían entumecido. No podía siquiera mover los dedos. Tras dar parte inmediato a los paramédicos, la funcionaria escolar me había llamado.

Me dirigí a la escuela con toda celeridad, desconociendo el nivel de gravedad de la lesión de nuestra hija. Por el camino oraba en voz alta. Clamé al Señor como un niño atrapado en un pozo vacío. Le expresé que lo necesitaría por varios motivos: para tocar a mi hija, para darnos fortaleza a su madre y a mí, para proporcionar destreza y sabiduría a los paramédicos. Tenía lágrimas y sentimientos de temor a flor de piel, de modo que le pedí al Señor que me calmara, que frenara la creciente sensación de pánico dentro de mí.

Mientras manejaba y oraba, percibí la más increíble comprensión de la presencia de Dios. Resultaba casi sobrecogedora. El pulso que me había estado latiendo en la garganta se normalizó. Cuando llegué al estacionamiento de la escuela, ni siquiera las luces rojas y blancas que giraban arriba del vehículo de emergencia alteraron mi sensación de calma.

Corrí hasta donde se había congregado la multitud. Para ese entonces los paramédicos habían envuelto a Charissa apretadamente sobre una camilla, con un collar alrededor del cuello. Me arrodillé a su lado, le di un beso en la frente, y escuché que decía: «No puedo sentir nada de los hombros hacia abajo. Algo se me cortó en la espalda, justo debajo del cuello». Se le saltaban las lágrimas.

Normalmente yo hubiera estado al borde del descontrol. No fue así. ¡Normalmente hubiera estado gritando que la multitud retrocediera o que el conductor de la ambulancia la llevara al hospital de inmediato! No lo hice. Con tranquilidad extraordinaria, le acaricié el cabello alejándolo de los ojos, y le susurré: «Estoy aquí contigo, cariño. También está nuestro Señor. Pase lo que pase, superaremos juntos esto. Tu madre viene en camino. Vamos a acompañarte pase lo que pase. Te amo, hijita». Le corrían lágrimas por los costados de la cara al cerrar ella los ojos.

Seguí a la ambulancia en mi automóvil, percibiendo nuevamente la presencia profunda y soberana del Espíritu. Cynthia llegó para acompañarme en el hospital, donde aguardamos las radiografías y el informe del radiólogo. Oramos, después de que le contara de mi encuentro con la presencia maravillosa del Espíritu.

En pocas horas nos enteramos que se había fracturado una vértebra de la espalda de Charissa. Los médicos no sabían cuánto daño había sufrido el nervio. Tampoco sabían cuánto tardaría en aliviarse el entumecimiento… o si, en realidad, alguna vez se aliviaría. Los médicos hablaban con sinceridad, elegían sus palabras con sumo cuidado. No había nada sólido en el que nos pudiéramos afirmar, nada médico en el que pudiéramos confiar y nada emocional donde nos pudiéramos apoyar… salvo en el Espíritu de Dios, cuya presencia fue tangible con nosotros durante toda esa prueba.

Faltaba muy poco para el domingo (siempre es así). El sábado a la noche estaba exhausto, pero una vez más el Espíritu de Dios siguió siendo mi estabilidad. En debilidad humana y con enorme dependencia del Señor, de alguna manera armé un sermón, que prediqué el domingo por la mañana. El Señor me dio las palabras, y probó su poder en mi debilidad. Más tarde nuestros encargados de medios me informaron que hubo más personas que solicitaron una copia de ese sermón que de cualquier otro hasta esa fecha. Eso me resultó asombroso. Fue una demostración del poder del Espíritu a través de un vaso muy débil.

He aquí lo que ocurrió, lisa y llanamente. Dios el Espíritu Santo me llenó, tomó pleno control, concedió grande gracia, calmó temores, y en última instancia obró una maravillosa sanidad en la espalda de Charissa. Ahora, un par de décadas después, solo le duele la parte superior de la espalda cuando estornuda. Si estoy con ella cuando eso sucede, suelo dirigirle la mirada y le pregunto: «¿Te dolió?» Invariablemente, ella asiente con la cabeza y contesta: «Sí, dolió». Sonrío y ella me devuelve la sonrisa, y por un instante regresamos juntos mentalmente a esa escena original donde ella y yo percibimos una verdadera conciencia de la presencia del Espíritu.

Todos tenemos urgente necesidad de que el Espíritu nos llene en esos momentos de crisis. En tales momentos, nuestra fuerza natural se derrumba.

Sin embargo, también necesitamos ser llenos de su Espíritu en nuestros momentos normales y cotidianos. No sé con seguridad en cuál de ellos la autenticidad se expresa a mayor volumen… quizá haya un empate. La mayor parte de la vida ocurre en el medio, y es allí donde también nos hace falta la llenura del Espíritu. El Espíritu de Dios nos brinda el poder necesario para llevar una vida cristiana normal; una vida cotidiana, creíble, semejante a Cristo, que se mantiene auténtica de un día para otro.

La vida cristiana se asemeja a un matrimonio

Me agrada hacer una comparación entre la vida cristiana auténtica y un matrimonio. Un matrimonio normal, sólido, confiable no está lleno todos los días de música suave y romántica que flota por los cuartos de su casa, acentuada por velas de aroma etéreo y ramilletes de fragantes rosas. Un buen matrimonio no significa que frecuentemente se sienten durante horas en un cálido baño de burbujas, mientras se dan besos y abrazos. Después de un tiempo, los dos ni siquiera caben juntos en un mismo recipiente… y ni siquiera desean hacerlo. Después de tantos años juntos, a decir verdad, eso sencillamente no es normal.

¿Qué es normal? Una vida cristiana que es normal es transformacional, tal como vimos en el capítulo anterior. El Espíritu de Dios hace más que sencillamente «brindarle una ayudita». Él proporciona la plena capacitación para llevar una vida que ni siquiera pueden imaginar los que no tienen a Cristo. Incluye cosas prácticas, como por ejemplo el poder de controlar la lengua, la fuerza para enfrentar los desafíos cotidianos, la capacidad de limpiar los pensamientos, una forma de protegerse de la tentación de manera que no se hunda en una trampa lujuriosa tras otra. La vida cristiana auténtica le ofrece esperanza que supera el arrastre descendiente de la carne. Seamos sinceros: la vida del Espíritu y la vida de la carne siempre se oponen entre sí.

La vida cristiana se parece a un automóvil

Dos cosas son esenciales para que pueda disfrutar de cualquier automóvil que compre. Primero un juego de llaves. La llave le permite meterse al auto. Le ayudará a abrir el baúl o la guantera o, cuando sea necesario, levantar el capó del automóvil. Es lo que precisa para dar arranque al motor. Puede admirar el auto desde afuera, o incluso sentarse tranquilo dentro de él, pero no irá a ninguna parte sin las llaves.

Las llaves son para el automóvil lo que la conversión es para la vida cristiana. No se entra en la vida cristiana por nacer en una familia cristiana o por asistir a una iglesia donde se enseñe la Biblia, ni siquiera por aprender versículos de un libro llamado Biblia. Se entra en la vida cristiana por un solo medio: la llave… Jesucristo. Juan lo escribió de la siguiente manera: «El que tiene al Hijo, tiene la vida; el que no tiene al Hijo de Dios, no tiene la vida» (1Juan 5:12).

O bien, tiene la llave que lo hace ingresar al automóvil o no la tiene. O bien tiene la vida en Cristo o no la tiene. No existe ningún terreno intermedio donde pueda afirmarse.

El segundo elemento esencial que necesita para su automóvil es el combustible. No intente ahorrar dinero llenando su tanque con agua de la manguera de su jardín con la esperanza de que su automóvil funcione. Al motor se lo diseñó de modo que anduviera con combustible. El combustible es para el automóvil lo que el Espíritu de Dios es para la vida cristiana auténtica y normal.

Colosenses 2:6 lo explica de la siguiente manera: «de la manera que recibieron a Cristo Jesús como Señor, vivan ahora en él». De la manera que recibieron a Cristo (esa es la llave que le permite entrar), vivan ahora en él (ese es el combustible, el Espíritu de Dios que hace que su vida se engrane de manera auténtica).

Jesús dijo que enviaría al Espíritu de Dios, y que al enviarlo, él proporcionaría el poder necesario para vivir como testigos suyos. Algunas personas actuales han tomado esa palabra *poder* y la han aplicado a todo lo que se les ocurre. En la actualidad todo es de «poder». Hay «evangelismo de poder», vaya uno a saber qué es eso. Hay oración «de poder», «predicación de poder», «sanidad de poder», «encuentros de poder», «ministerio de poder», para cualquier tipo y tamaño que exista. Uno incluso puede ponerse una «corbata de poder» para llevar a cabo su «ministerio de poder» cada «domingo de poder». Si alguna vez se hizo uso exagerado y abusivo de una palabra, es de la palabra *poder*.

Nuestras palabras *poder* y *dinámica* o *dinamita* derivan del griego *dunamis*. Es una palabra que se refiere a «capacitación divina». Como tengo el Espíritu, tengo dentro de mí suficiente capacitación para hacerme cargo de mi carne. No puedo hacerme cargo de ella con mis propios recursos. Durante todo el tiempo que estuve sin Cristo no pude hacerlo, pero cuando me acerqué a Cristo, recibí la llave de mi automóvil. También recibí combustible para el tanque, el cual me capacitó para poner en marcha los cambios. Cuando el Espíritu de Dios toma el control, su poder vence a las fuerzas carnales dentro de mí: el impulso de reaccionar, el impulso de devolver el golpe, el impulso de venganza, el impulso de tener una rabieta, el impulso de salirme con la mía, y así sucesivamente formando una larga lista. Esta es la obra del Espíritu dado que ahora brinda capacitación divina.

Su cuerpo: Templo del Espíritu Santo

Primera Corintios 6:19 pinta una interesante metáfora que explica aun más el concepto del Espíritu que habita dentro de nosotros: «Su cuerpo es templo del Espíritu Santo». ¿Qué significa eso? Sencillamente, él vive dentro de su vida. No es necesario que usted le pida que entre. Él entró cuando confió en Cristo… cuando se convirtió. Y por el hecho de que vive adentro, él desea tener control de sus labios, ojos, oídos, acciones, pensamientos, reacciones y motivaciones.

Nunca olvide esto: Jesús prometió «el Espíritu estará en ustedes» (Juan 14). Si usted es cristiano, no es necesario que ore «Señor, envíame tu Espíritu» o «Te ruego que nos acompañes hoy». Esas son oraciones muy comunes… pero son innecesarias. Él *está* con usted. En efecto, el Espíritu vive dentro de cada creyente.

Dado que el cuerpo del creyente se considera «templo del Espíritu Santo», es lógico que él debe ser glorificado en él y por medio de él. Después de todo, le pertenece a él. No somos dueños de nosotros mismos, somos del Señor. Por ser nuestro Amo, tiene todo derecho de usarnos de cualquier manera que él escoja. Al vivir la vida cristiana, tenemos un objetivo de importancia suprema: glorificar a Dios en nuestro cuerpo.

Cuando usted opera su vida desde dicha perspectiva, todo cambia. Eso explica por qué resulta tan importante ver cada día —desde el amanecer hasta el anochecer— desde la dimensión espiritual. Cuando lo hacemos, empezamos a darnos cuenta de que nada es accidental, fortuito, nada carece de sentido ni es insignificante. Las cosas que nos suceden están bajo la supervisión de nuestro Señor porque le pertenecemos, y hemos de glorificarle, pase lo que pase. Como le pertenecemos a él y su Espíritu habita en nosotros, estamos en buenas manos. A decir verdad, ocupamos la mejor situación posible en la tierra.

Esto significa que palabras como *accidente* o *coincidencia* debieran quitarse de nuestro vocabulario. ¡En serio! Cuando ocurren acontecimientos que no podemos entender o explicar, se nos recuerda que no somos dueños de nuestra persona. En lugar de ponernos ansiosos, frustrados o sentirnos confundidos, debiéramos dar un paso hacia el costado y permitir que su Espíritu nos llene del combustible divino que nos hace falta para seguir avanzando... para darle honra en dichos acontecimientos... en última instancia, glorificarle.

¿Está listo para más? Cuando usted está habitado por otra persona, tiene la capacidad de lograr lo que nunca pudo hacer por su cuenta.

Me encanta el piano, pero cuando me siento a tocar, esas teclas blancas y negras rezongan. El piano sabe que no lo están tocando bien. Sin embargo, si trajera a nuestro hogar al maestro Van Cliburn, y él se sentara a ese mismo piano y empezara a tocar, nuestro piano sonaría como debe sonar un piano. Daría un paso hacia atrás, sacudiría la cabeza, y diría: «¡Qué maravilloso! Nuestro piano está muy alegre, al igual que todos nosotros que hoy te escuchamos».

Avancemos un paso más. Qué tal si Van Cliburn me dijera:

—¿Sabés qué, Chuck? Tengo la habilidad sobrenatural de darte mi destreza y mi corazón a fin de que puedas tocar como toco yo.

Yo le respondería:

—Estás embromando.

—No. ¿Estás listo?

Y yo le contestaría:

—Sí, ¡por supuesto!

Él haría su magia y de repente, ¡yo sería Van Cliburn! Me sentaría y empezaría a tocar la Polonesa de Chopin, Beethoven, Bach y todo tipo de extravagante destreza digital de Mozart. Improvisaría por todo el teclado, también con algunos de los grandes himnos. Sería maravilloso. Quedaría *asombrado* ante la habilidad de hacer lo que nunca antes hubiera podido por cuenta propia.

Luego se me ocurriría: *Vaya, soy bastante bueno. Oye, querida, Cynthia... ¡ven aquí para escucharme!* Y de repente, mis piezas de Chopin se convertirían nuevamente en «Chopsticks».*

---

*«Chopsticks» = palitos chinos. Es el nombre de una canción infantil que suele tocarse en el piano con dos dedos.

¿Por qué? Porque cuando uno opera bajo el poder del Espíritu, no lo hace para gloria personal. Cualquier cosa que se lleve a cabo, es para gloria de Dios. Pero cuando la carne toma el mando, cesa la capacitación del Espíritu.

Primera Corintios 6:19 nos recuerda que «Ustedes no son sus propios dueños». Si usted intenta tocar una pieza de Chopin por cuenta propia, volverá a tocar «Chopsticks». De una manera sencilla y fragmentada, eso representa lo que significa ser lleno del Espíritu. No opera por cuenta propia. Debe operar su vida bajo el control de Aquel que ha venido a habitar dentro de usted. Su meta en la vida no es obtener lo que desea, sino hacer lo que él desea que haga. No se trata todo de usted; se trata de Jesús. Tenga cuidado con todos esos libros de autoayuda que le dicen que puede escalar hasta grandes alturas mediante su propio esfuerzo; si no tiene cuidado, su orgullo se presentará y tomará el mando. Cuando mire en lo profundo, solo encontrará crasa depravación.

Usted no es dueño de su persona, fue comprado por un precio. ¿Acaso eso no es un útil recordatorio? En otras palabras, Dios sigue siendo Dios y usted aún no lo es.

Por lo tanto, ¿qué se supone que hagamos? Debemos honrar con nuestro cuerpo a Dios (1Corintios 6:20). Piénselo de esta manera: «Señor y Dios, soy tuyo. Me has dado dones que jamás hubiera esperado, y te agradezco. Estoy aquí para servirte. Que mi servicio sea para ti y para tu gloria. Que sea auténtico. Que magnifique tu nombre. Deseo honrarte, oh Dios».

Para poder llevar la vida que Dios desea que viva, me hace falta su combustible. Necesito su capacitación. Necesito su poder transformador. Confío en su control. Sin su vida, estoy hundido.

Tengan cuidado de su manera de vivir

Si pudiera, le ofrecería el siguiente consejo a todo cristiano: «Tengan cuidado de su manera de vivir» (Efesios 5:15). Nuestra meta suprema es honrar a Dios. Eso requiere de cuidado. Tenga cuidado de prestar atención. Tenga cuidado de escuchar su Palabra. Tenga cuidado de orar. Tenga cuidado de procurar su ayuda.

Además, tenga cuidado de su manera de vivir porque lo están observando. Nos asombraría saber cuánta gente nos observa. Al cabo de todos estos años uno pensaría que a estas alturas ya lo he aprendido. Como por ejemplo cuando intento pasar desapercibido en un supermercado en una de esas escapadas a la noche tarde, cuando no estoy vestido como debiera estarlo, y se me ocurre pensar, *Ninguno de los que me conocen estarán allí*. De modo que entro sigilosamente y una niña me saluda con la mano y con alegría me dice: «Hola, Pastor Swindoll».

O lo que es peor, gente que observa cuando me comporto mal…

Hace varios años Cynthia y yo fuimos anfitriones de un crucero con nuestros radioyentes del programa *Visión Para Vivir*. En el avión al dirigirnos hacia nuestra ciudad de embarque, ella me había hecho rabiar por algo que no era muy importante; sin embargo, me mantuve allí sentado con bastante control (carnal). Un poco más tarde la discusión siguió mientras caminábamos hacia el barco del crucero. De modo que le dije: «Ven un momento hacia aquí». Salimos hacia un costado, y decidí corregirla con toda claridad. Se puede decir que «descargué el camión», al desembuchar todo lo que me molestaba. Pensé: «¡Ya está! ¡Eso le habrá puesto punto final al asunto!»

Luego giré y quedé enfrentado a unas setenta y cinco personas que esperaban en fila… las personas que nos acompañaban en el crucero, observándonos con los ojos como platos y boquiabiertos. ¡No fue un buen momento!

«Tengan cuidado de su manera de vivir». Tengan cuidado de lo que dicen. ¿Sabe lo que debiera molestarme más que setenta y cinco personas horrorizadas ante mi conducta? Mi comportamiento descontrolado agravió al Espíritu Santo. Esa no era manera de hablarle a mi esposa. No tuve cuidado con mi manera de vivir, ni con lo que decía. Lo que hace falta es sabiduría a fin de conducir mi vida, según pasa a aclarar Efesios 5:15: «No… como necios sino como sabios».

Además, cuando estamos bajo el control de él, «[aprovechamos] al máximo cada momento oportuno, porque los días son malos» (v. 16). Dios sabe que eso es cierto. Y cuando estamos bajo el control de Dios podemos entender cuál es la voluntad del Señor para nosotros (v. 17).

¿Cómo podemos vivir de la manera que debemos vivir? ¿Cómo podemos ser sabios cuando tendemos a ser menos que sabios? ¿Cómo podemos aprovechar al máximo cada momento? ¿Cómo podemos entender cuál es la voluntad del Señor? Nos hace falta su capacitación, su poder. De eso mismo se trata el siguiente versículo de Efesios.

Lo que significa «ser lleno»

No conozco otro versículo del Nuevo Testamento que sea más importante para el cristiano que Efesios 5:18… en serio, sin exagerar. Dicho versículo le comunica al creyente cómo llevar una vida auténtica, investida de poder: «No se emborrachen con vino, que lleva al desenfreno. Al contrario, sean llenos del Espíritu».

Comienza con un mandato negativo: «No se emborrachen con vino, que lleva al desenfreno» (lo cual significa exceso, existir perdidamente descontrolado). Cuando uno está emborrachado con alcohol, pierde el control. También pierde el respeto por uno mismo y pierde el respeto de los demás. «No se emborrachen».

A continuación se presenta un mandato positivo: «Al contrario, sean llenos del Espíritu». Tengamos el cuidado de analizar con precisión lo que comunica esto. A fin de hacerlo, deseo subrayar cuatro factores significativos en cuanto a la estructura de dicho mandato. Es importante hacer un estudio detenido y meticuloso de la Biblia a fin de captar lo que dice la Palabra de Dios.

1. Sean llenos del Espíritu

Se trata de una orden, no de una sugerencia. Es un urgente imperativo, no una opción informal. Dicha instrucción forma parte de una lista más larga de instrucciones. De la misma manera que no debemos pasar por alto los mandamientos éticos que la rodean, como por ejemplo «trabajen honradamente», «hablen con la verdad», «sean bondadosos» y «perdónense», tampoco debemos ignorar la orden «sean llenos del Espíritu».

«Sean llenos» es una orden, lo cual significa que parte del asunto me toca a mí. Por ejemplo, no puedo ser lleno del Espíritu mientras en mí haya pecado sin confesar. No puedo ser lleno del Espíritu a la vez que conduzco mi vida mediante la energía de la carne. No puedo ser lleno del Espíritu mientras me resisto a la voluntad de Dios y confío solo en mi persona. Necesito estar seguro de haberme ocupado de los pecados que hayan surgido en mi vida; que no haya ignorado el mal que hice delante de Dios y a otros. Es necesario que a diario ande en consciente dependencia del Señor.

Muchas mañanas empiezo el día sentado al borde de la cama, diciendo:

> Este es tu día, Señor. Quiero estar a tu disposición. No tengo idea de lo que contendrán estas próximas veinticuatro horas. Pero antes de que tome mi primer sorbo de café, e incluso antes de que me vista, quiero que sepas que a partir de este momento, y a lo largo de este día, soy tuyo, Señor. Ayúdame a apoyarme en ti, a obtener fuerzas de ti y a permitir que llenes mi mente y mis pensamientos. Toma control de mis sentidos de modo que quede literalmente lleno de tu presencia e investido de tu energía. Hoy deseo ser tu herramienta, tu vaso. No puedo hacer que eso suceda. Y por eso digo, Señor, lléname hoy de tu Espíritu.

Lo desafío a que inicie cada día con una oración similar. «Señor, capacítame hoy para llevar una vida cristiana auténtica para tu gloria». Adáptela a su medida con sus propios detalles, dependiendo de cuáles sean las necesidades de ese día en particular.

2. Sean llenos del Espíritu
En el idioma español resulta difícil darse cuenta, pero en el griego original, es fácil ver que este mandato se da en plural. En efecto, está diciendo «todos ustedes», «Sean llenos todos del Espíritu». Es para

todos nosotros. No hay ningún grupo singular que califique para ser lleno. Si usted es creyente, recibe combustible en el tanque. Puede poner su vehículo en marcha y andar. Si no lo hace, el problema es suyo, no de Dios. El combustible está dentro. Usted lo pone en marcha.

No es necesario que dediquemos nuestros días a preguntarnos por qué algunas personas parecen tener mayor acceso al poder. Usted y yo también lo tenemos. No es necesario que pasemos noches dando vueltas sin dormir, luchando con nuestra inhabilidad de reclamar el mismo poder súper dinámico que parece tener algún tele-evangelista y nosotros no. Permítame que lo repita: usted, como cristiano, *tiene* el Espíritu de Dios.

3. Sean llenos del Espíritu

También se da en voz pasiva. Gramáticamente, eso significa que es algo que alguien más hace *por* nosotros. Usted no es el que ejecuta la acción de llenar; es necesario que *sea* lleno. Una traducción bíblica dice: «Permite que el Espíritu llene tu vida» (CEV). Él sabe lo que usted verdaderamente necesita al momento, por lo tanto, manténgase tranquilo. Descubra su consuelo, sabiduría y confianza en él. Él puede proporcionarle esas cosas mediante la llenura de su Espíritu, pero no es un Dios coercitivo. Él espera que usted le pida: «Señor, soy tuyo hoy. Señor, deseo honrarte hoy. Te ruego que me capacites para lograr eso. Lléname de tu poder… fortaleza… paz… amor. Necesito que hagas eso».

4. Sean llenos del Espíritu

Está en tiempo presente; textualmente, «sigan siendo llenados». No se trata de una vez en la vida ni de una vez por año; es cada tanto. Llegue al sitio en el que tiene conciencia a cada momento de quién es el que lo controla. El pedirle a Dios que lo llene de su Espíritu constituye una parte esencial de andar por fe y no por vista.

No hace mucho me enfrentaba a una tarea muy difícil. Recuerdo que conducía mi camioneta al destino donde me enfrentaría a dicho asunto difícil, y durante todo el camino oré en voz alta. Nada de radio, nada de noticias, nada de música. Solo paz y tranquilidad. Dije: «Señor, no estoy seguro de lo que encontraré aquí y, sin tu ayuda, estaré metido en un lío grande. Toma el mando. Lléname de tus palabras. Dame la respuesta indicada. Frena toda reacción que pudiera resultar inapropiada. Habla a través de mí con sabiduría y gracia. Permite que sea tu voz en esta situación».

Quizá ahora mismo asienta conmigo diciendo: «Señor, quiero que me llenes. Deseo que tú me uses». Dos horas más tarde, es posible que necesite volver a hacer la misma oración. No existe un momento singular en el que experimenta la plenitud del Espíritu y de allí en más se mantiene en un nivel elevado que nunca mengua. Esto es así por voluntad de Dios. Él quiere que tengamos conciencia de nuestra dependencia de él a cada momento. Más bien debemos orar con regularidad, pidiéndole: «Lléname, Señor, para este momento… lléname a esta hora… lléname al enfrentarme a este desafío. Deseo ser usado. Deseo estar a disposición. A propósito me hago dependiente de ti».

La llenura del Espíritu es como caminar. Cuando éramos pequeños —muy pequeños— cada pasito constituía un esfuerzo consciente y un logro magnífico. Pronto aprendimos a enlazar dos o tres pasos antes de caer. Y luego, sin que nos diéramos cuenta, caminábamos sin pensarlo. El caminar sencillamente se ha convertido en una parte de la vida.

Con el tiempo, al experimentar su plenitud, se convierte en una parte constante de nuestra conciencia y de nuestra vida. Sin embargo, empezamos en forma deliberada, lenta y cuidadosa. Nos hace falta el Señor para capacitarnos con discernimiento, para andar en obediencia, para percibir el mal cuando nos topamos con él y para mantenernos alejados del mismo. Para mantenernos fuertes cuando viene la tentación. Para guardar nuestra lengua de hablar cosas erradas o hablar demasiado o hablar sin pensar. Necesitamos que el Espíritu se haga cargo de nuestros ojos, nuestra lengua, nuestras emociones, nuestra voluntad y nos use, porque queremos operar bajo su control de manera permanente.

Esto, mi amigo, se denomina el andar cristiano.

¿En qué será diferente mi vida cuando el Espíritu me llene?

Una cosa maravillosa de la Biblia es que si la lee con suficiente detenimiento, verá que brinda respuesta a muchas de sus propias preguntas. La pregunta: «¿Cuál es el resultado de ser lleno del Espíritu?, se responde en Efesios 5:18–21:

> No se emborrachen con vino, que lleva al desenfreno. Al contrario, sean llenos del Espíritu. Anímense unos a otros con salmos, himnos y canciones espirituales. Canten y alaben al Señor con el corazón, dando siempre gracias a Dios el Padre por todo, en el nombre de nuestro Señor Jesucristo. Sométanse unos a otros, por reverencia a Cristo.

Cuando estoy lleno del Espíritu…

Echemos una mirada más detenida a varias verdades importantes que se mencionan aquí.

Cuando estoy lleno del Espíritu, mi corazón es receptivo a la enseñanza. El versículo 19 menciona «anímense unos a otros». La llenura del Espíritu nos afecta el habla… ese es el primer resultado. Cuando estoy lleno del Espíritu, puedo brindar información que resulta útil para otras personas. Ojalá que eso esté sucediendo ahora mismo. Y usted, al ser lleno del Espíritu, es receptivo a la enseñanza. Usted está creciendo en Cristo al aprender esta verdad.

También significa que me muestro receptivo a ser amonestado. De vez en cuando, un buen amigo o mi esposa o uno de mis hijos dirá: «Hay algo que es necesario que sepas». Y me comunican algo de mi persona que les ha resultado doloroso o difícil de sobrellevar. Cuando estoy lleno del Espíritu, me muestro receptivo a eso y lo aprecio. Cuando no estoy lleno del Espíritu, me cierro y no lo quiero escuchar. Todos hemos vivido ambos lados de dicha situación, de modo que comprendemos que para que hablemos unos a otros con corrección y sensibilidad resulta más fácil cuando estamos llenos del Espíritu.

Cuando estoy lleno del Espíritu, mi corazón está melodioso.
La vida adquiere una cadencia especial, el gozo vuelve cuando estamos llenos del Espíritu. Me encanta el final del versículo 19 —con salmos, himnos y canciones espirituales. Canten y alaben al Señor con el corazón— porque me encanta cantar. Una de las características de la llenura del Espíritu es que su corazón se vuelve melodioso. Lo más probable es que si no disfruta de la música, se debe a que no puede entonar. Pero sepa lo siguiente: cuando le canta a Dios, él nunca dice: «Epa… usted sí que desentona». Más bien escucha la melodía interna de su corazón. Espero que disfrute de momentos en los que sencillamente canta sus canciones a voz en cuello. (Preferiblemente cuando esté a solas.)

El otro día, cantaba en el automóvil y logré cantar una nota que no sabía que todavía podía entonar. Me alegré de que nadie estuviera conmigo para decirme: «Eso estuvo horrible. Cálmese, Swindoll». ¿Sabe por qué tenía el corazón melodioso? Porque había visto algo grandioso en las Escrituras que solo se podía expresar con cántico. Esa música vino directamente del Espíritu y fue un dulce momento entre el Señor y yo. Algunas traducciones dicen: «Cántele al Señor con ganas». *Con ganas* es una palabra bíblica excelente para expresar la sensación que se da cuando la llenura del Espíritu nos abre el corazón y nos transporta a un entusiasta desborde de adoración.

De paso, un corazón melodioso nunca es un corazón gruñón…

Cuando estoy lleno del Espíritu, mi corazón está agradecido.
La gratitud es una declaración elocuente de la llenura del Espíritu. El versículo 20 dice: «dando siempre gracias … por todo». Los rezongos son una señal segura de que la carne está en control. No digo que no debiera vivir con los ojos abiertos, sin duda le hace falta discernimiento. Pero no rezongue. Si el Espíritu está en control, la vida no se reduce a un montón de quejas y rezongos. Usted da gracias… en todo momento.

Si a alguien se lo conoce por ser gruñón, seguramente se trata de una persona que se ha distanciado del Espíritu de Dios. Cuando estamos llenos del Espíritu, hay una sensación incontenible de gratitud. No es difícil agradarnos. Estamos contentos por cualquier cosa que Dios provee.

Cuando estoy lleno del Espíritu, mi corazón es humilde.
Efesios 5:21 es uno de los versículos más mal usados de las Escrituras: «Sométanse unos a otros, por reverencia a Cristo».

Aun cuando algunos me acusen de entrometido, escúcheme bien: no existen rangos en el cuerpo de Cristo. Dios exige sumisión mutua unos a otros. No solo debe de someterse a los que estén en autoridad sobre usted; los que están llenos del Espíritu se someten a usted. El suelo está nivelado al pie de la cruz.

Tal vez algunos hombres queden sorprendidos de saber que no se menciona género en este mandato. Esto es importante, particularmente para los hombres a los que les encanta cuando llegamos al renglón donde se lee: «Esposas, sométanse a sus propios esposos» (v. 22). Así tendemos a leerlo (erróneamente). Y sin demora decimos: «Obsérvalo, querida, eso está aquí mismo en la Biblia».

Hace varios años prediqué en una conferencia de Promise Keepers junto a un amigo mío, Jack Hayford. Es muy divertido estar con Jack. Me contó una historia fantástica acerca de un matrimonio que fue a una conferencia para matrimonios. Ocurrió que uno de los oradores principales le dio duro al tema de que las esposas se sometieran a sus esposos. Pues bien, al esposo le encantó. Se empapó del tema.

De modo que cuando llegaron a casa, dio un portazo luego de que entraran, y ella se quedó mirándolo. Se dirigió a ella con aire arrogante:

—He estado pensando acerca de lo que habló ese tipo esta noche, y quiero que sepas que de ahora en adelante *así* procederemos por aquí. ¿Lo entendiste? *Tú* te sometes a *mí*.

Y después de decir eso, no la vio durante dos semanas.

Al cabo de tres semanas empezó a verla apenas un poquito con un ojo.

La manera de vivir llena del Espíritu no solo cambiará una vida; en el proceso transforma un hogar de manera absoluta. Hay algo torcido en la mente de un hombre que piensa que la sumisión se limita a la mujer. Por experiencia me consta que rara vez hay un problema de sumisión en el hogar cuando un esposo tiene un corazón que es genuinamente sumiso a Dios. La razón es clara: con un corazón sumiso a Dios, el hombre lleno del Espíritu verdaderamente ama a su esposa como Cristo amó a la iglesia… y no existe nadie más en la tierra a quien ame como la ama a ella. Él lo demuestra al escuchar cuando ella habla, al respetar la opinión de ella, al cuidar de ella, al ceder muchos de sus propios derechos. Parte del amor es compartir. Cuando una esposa sabe que está envuelta en ese tipo de atención respetuosa, no le cuesta nada ceder ante su esposo.

¿Por qué a algún esposo se le ocurriría esforzarse por ser así? Efesios 5:21 explica: «Sométanse unos a otros, por reverencia a Cristo». O sea, por respeto a Cristo.

¿Sabe por qué presto atención cuando habla mi esposa? Porque respeto a Cristo. ¿Sabe por qué ella presta atención cuando digo algo que quizá le cueste escuchar? Porque ella respeta a Cristo. Cuando ambos respetan a Cristo, obra algo maravilloso en nuestra habilidad de comunicarnos. Las barreras se derrumban, y nos mostramos receptivos el uno para con el otro.

ALGUNAS REPERCUSIONES PRÁCTICAS

Permítame concluir todo esto con un par de comentarios muy prácticos, uno con respecto a la iglesia y el segundo con respecto al mundo en el que vivimos.

La iglesia

La iglesia no necesita de milagros mensuales; necesita capacitación diaria. Encuentre una congregación capacitada por el Espíritu y luego, o se integra a la misma… o le da vía libre. Ellos están en movimiento. Solo les hace falta que se les indique el rumbo a seguir y luego que usted diga «gracias». Es sorprendente cómo sucede eso. Es necesario que seamos un cuerpo colectivo de individuos cuyas vidas resultan inexplicables si se las considera independientemente de la obra sobrenatural del Espíritu… que nos hace crecer, nos transforma, nos brinda amor para realizar buenas obras, a medida que nos parecemos cada vez más a Cristo.

El mundo

¿Desea producir un impacto en alguien que aún no ha recibido a Cristo? Sea genuino. Lo que más desarmará a dicha persona será su autenticidad, no la historia de algún milagro. La gente no busca lo asombroso; busca lo auténtico. «Usted es un tipo genuino». «Verdaderamente confía en el Señor». «Verdaderamente cree en la Palabra de Dios». «Verdaderamente se interesa por mí». Si usted vive con esa clase de autenticidad, la gente querrá saber cómo lo hace porque al parecer, a ellos les cuesta vivir de esa manera. La única manera de encontrarle explicación es señalar al Espíritu de Dios que vive en usted y ejerce el control.

Con demasiada frecuencia hemos tomado nuestro propio camino y hemos sufrido las consecuencias. Hemos llevado a cabo lo que *nosotros* queríamos y no hemos hecho lo que *él* quería, y nos entristecemos por ello. Lo que resulta aun más trágico, el Espíritu se entristece porque vive dentro de nosotros a fin de tomar el mando.

Que este día sea diferente. Formúlese tres preguntas:

- ¿Mantengo cuentas claras en lo que respecta a las cosas que quebrantan la comunión con Dios?
- ¿Soy consciente de mi dependencia del Señor en mi manera de vivir?
- ¿Le digo al comenzar el día —y frecuentemente a lo largo del mismo— «Señor, mi vida es tuya»?

¿Cómo sé que me guía el Espíritu?

Un portazo es un sonido violento. Cuesta escucharlo… y resulta aun más difícil experimentarlo, particularmente si uno ha orado, genuinamente pidiendo la guía del Señor.

Esperó, pidió consejo de parte de personas que admira, estudió pasajes de su Palabra que bien pudieran conducirlo por la senda que debe recorrer, pasó tiempo a solas comparando pros y contras. Siguió orando, su corazón está dispuesto, su espíritu está listo, su alma se remonta. Y cuando más o menos logra acercarse, ¡*pum!*… la puerta se cierra de un portazo.

Hasta este momento, nuestro estudio del Espíritu de Dios ha sido relativamente seguro. Ahora se vuelve sumamente personal y complejo. A decir verdad, este tema de «cómo nos guía el Espíritu de Dios» quizá haga reflotar preguntas derivadas de experiencias pasadas que se han mantenido sin respuesta durante años o tal vez abra alguna vieja herida en su espíritu. O bien es posible que haga referencia a alguna cosa con la que lidia hoy al buscar la dirección de Dios para alguna decisión importante. Si su caso es alguno de estos, espero que reciba la muy necesaria comprensión que pueda conducirlo al otro lado de dichos asuntos. Mantenga una mente receptiva. Permita que el Señor lo guíe hacia su verdad en este asunto personal de cómo dirige él nuestra vida.

Cuando ama al Señor, sinceramente desea que la dirección de su vida esté en armonía con la voluntad de Dios. En lo profundo del ser, todos desearíamos que sus pautas específicas se explicaran con claridad en las Escrituras. Sería un gran alivio poder tomar a Dios de su poderosa mano y permitir que nos escoltara donde él quisiera que fuéramos, ¿no es cierto? Ninguno de nosotros quiere perderse lo mejor de Dios para nuestra vida. Queremos ser mantenidos en un rumbo firme mediante su presencia rectora.

Por lo tanto, ¿dónde hallamos dicha dirección, dicha conducción? Esto es obra del Espíritu Santo, el Consolador que se pone a la par de nosotros.

Si pudiéramos ver el obrar del Espíritu en nuestra vida, nos daríamos cuenta de que en cada situación Dios realiza cientos de cosas que no podemos ver y que no sabemos. Él obra de modo tan silencioso como la luz en algunas situaciones, y en otras es evidente como un camión. En ambos casos, nos proporciona exactamente lo que necesitamos a fin de enfrentar lo que sea que tengamos por delante.

En lugar de debilidad, el Espíritu aporta poder.

En lugar de ignorancia, aporta conocimiento.

En lugar de conocimiento humano, entrega sabiduría divina y discernimiento profundo proveniente de las profundidades del plan soberano de Dios.

Al captar dichas profundidades, desarrollamos confianza en su guía.

Y cuando la guía de Dios es clara, solo existe una alternativa: *obediencia*.

EL QUE SE PONE A LA PAR

El Espíritu de Dios quiere ayudarnos. No oculta ninguna de las perlas de sus promesas ni de las joyas de su sabiduría. Dios quiere que conozcamos su voluntad para que podamos andar en ella y experimentar los beneficios de su poder y de sus bendiciones.

Regresemos una vez más a las horas finales de Jesús con los discípulos al explicarles el papel futuro del Espíritu en la vida de ellos: «Pero el Consolador, el Espíritu Santo, a quien el Padre enviará en mi nombre, *les enseñará todas las cosas* y *les hará recordar todo lo que les he dicho*» (Juan 14:26, el énfasis es mío). Dos veces Jesús usó el vocablo *consolador*. *Consolador* se traduce al español a partir de una combinación de dos palabras griegas: *para* («a la par») y *kaleo* («llamar»). El Espíritu Santo es aquel a quien el Señor «llamará a la par» con el propósito de brindarnos ayuda, específicamente de dos maneras:

1. El Espíritu le enseñará «todas las cosas».
2. El Espíritu «le hará recordar» lo que dijo Jesús.

En otras palabras, el Señor desea *revelar* la verdad antes que ocultarla. Desea ayudarnos a *recordar* en lugar de olvidar. Al Espíritu le toca la tarea de recordarnos lo que es verdadero y fidedigno. Jesús nos asegura que el Espíritu hará por nosotros lo que no podamos hacer por nosotros mismos. Dios promete guiarnos «a toda la verdad» (Juan 16:13). ¡Imagínelo!

¿Recuerda haber luchado por tomar una decisión? Cuanto más luchaba, mayor era la confusión. Al principio se sintió como si estuviera parado en una nube espesa y oscura. Luego, gradualmente, la niebla se disipó y pudo ver el camino por donde andar. Eso, creo yo, puede ser atribuido a la obra del Espíritu de revelarnos la verdad.

Se me ocurren varios momentos sorprendentes en los que he sido receptor de revelaciones del Espíritu.

- Percepciones bíblicas que de otro modo se me habrían pasado por alto.
- Una repentina conciencia de la voluntad de Dios o de la presencia de peligro o una sensación de paz en medio del caos.
- Una oleada de confianza audaz en un entorno donde de otro modo hubieran existido temor y vacilación.

- Una tranquila y calma conciencia de no estar solo, pese a que en realidad ningún otro me acompañaba.
- La innegable conciencia circundante de maldad… que incluye la tenebrosa y siniestra presencia de fuerzas demoníacas.

En cada caso se me hizo patente la verdad, que me fue revelada por el Espíritu.

Condiciones previas para la guía del Espíritu

¿Cómo sucede esto? Deben cumplirse algunas cosas básicas y esenciales antes de que tengamos la expectativa de la guía del Espíritu Santo. ¡Estas son imprescindibles!

Primero y principal, debe ser cristiano.

Porque todos los que son guiados por el Espíritu de Dios son hijos de Dios (Ro 8:14).

Cuando acepta a Cristo como Salvador y Amo de su vida, el Espíritu Santo viene a vivir dentro de usted. Entre otras cosas, él está allí a fin de revelarle cómo debe vivir. Solo el creyente cuenta con la presencia del Espíritu Santo en su interior. Dicha ayuda interior resulta esencial si alguna vez hemos de seguirle.

Cuando el Señor proveyó la salvación que recibió al convertirse, su Espíritu entró en usted como parte del paquete global inicial. Sin que usted lo supiera, el Espíritu de Dios fijó morada permanente en usted. Cuando entró a su vida, le trajo la capacidad plena de su poder. Sin Cristo, usted y yo nos asemejamos a una inmensa represa vacía que aguarda la llegada de un aguacero. Cuando la salvación se hizo realidad, dicho vacío se llenó al punto del desborde. El Espíritu de Dios llenó nuestra capacidad interna con poder y fuerza dinámica.

En el caso de algunos de ustedes, el Espíritu los está conduciendo ahora mismo y por primera vez hacia la cruz, donde Jesucristo murió y pagó la totalidad de la pena por el pecado que usted cometió. Su sangre, el detergente más asombroso de toda la historia, suficiente para lavar todos sus pecados, fue derramado para usted. Hoy, quizá por primera vez, comprende su necesidad. Ahora comprende la provisión de Dios de vida y salvación.

De ser así, ahora mismo, entregue su vida a Cristo. Ore las siguientes palabras sencillas: «Señor, no sé exactamente cómo formular lo siguiente, pero me consta que soy pecador, y sé que eres santo, y sé que hay una gran distancia entre tú y yo. Sin embargo, hoy, por primera vez en la vida, acepto a tu Hijo como mi Salvador y Señor. Ahora creo en él. Me arrepiento de mi pecado. Acepto el regalo que me ofreces. Gracias por perdonar mis pecados. En tus manos pongo mi vida».

Si esta decisión es la suya hoy, quiero ayudarlo a comenzar esta nueva y maravillosa vida. Por favor llame o escriba a *Visión Para Vivir* y comuníquele a alguien su decisión. Hallará la información para ponerse en contacto con nosotros en la parte posterior del presente libro.

Segundo, debe ser sabio.

> Así que tengan cuidado de su manera de vivir. No vivan como necios sino como sabios, aprovechando al máximo cada momento oportuno, porque los días son malos (Efesios 5:15–16).

La necedad absoluta puede ocurrir cuando las personas intentan descifrar la guía de Dios de manera errada. Absténgase de todo lo que sea extremo. No empiece a buscar el rostro de Jesús en una enchilada. No empiece a pensar que alguna formación de nubes representa la Última Cena. Dios nos dice que no seamos necios, sino sabios, aprovechando al máximo nuestro tiempo, aprovechando cada oportunidad que se nos presente al usarla de manera sabia.

Para seguir la voluntad de Dios hace falta sabiduría: el arte diestro de vivir y, por supuesto, una buena dosis de la variedad corriente de sentido común. Semejante combinación también nos ayuda a entender la dirección de Dios.

Tercero, debe tener un verdadero deseo de seguir la guía del Señor.

El que esté dispuesto a hacer la voluntad de Dios reconocerá si mi enseñanza proviene de Dios o si yo hablo por mi propia cuenta (Juan 7:17).

Es necesario que tenga el deseo de hacer lo que él quiere que haga... por encima de cualquier otra cosa. Más que completar su educación, más que casarse, más que salirse de las deudas... por encima de cualquier otra cosa es necesario que desee cumplir la voluntad de Dios.

Al mirar mi vida en retrospectiva, me consta que hubo momentos en los que quería que el Espíritu me guiara pero en realidad no lo deseaba. Eso es algo que me resulta difícil de confesar, pero con la agudeza visual perfecta que brinda la retrospección, me doy cuenta de que a veces me resistí a seguir la guía. He aprendido que ocurren consecuencias serias al ir tras ambiciones egoístas.

Efesios 6:6 describe dicho deseo como «haciendo *de todo corazón* la voluntad de Dios» (el énfasis es mío). Seguir a Dios de todo corazón... eso es lo más profundo que se puede llegar. Más que agradar a la gente, más que mantenerse cómodo y protegido, nos interesa agradar a Dios. Dondequiera que nos guíe, queremos seguirle.

Cuarto, debe estar dispuesto a orar y esperar.

Ésta es la confianza que tenemos al acercarnos a Dios: que si pedimos conforme a su voluntad, él nos oye. Y si sabemos que Dios oye todas nuestras oraciones, podemos estar seguros de que ya tenemos lo que le hemos pedido (1 Juan 5:14–15).

Existen momentos en los que el saber y luego obedecer la voluntad de Dios pueden constituir un proceso largo y doloroso. Allá a principios de la década de 1990 tanto el presidente del Seminario como el presidente de la junta directiva del Dallas Theological Seminary [Seminario Teológico de Dallas] me pidieron que considerara convertirme en el siguiente presidente de dicha escuela. Durante más de veinte años había sido el pastor de una iglesia en Fullerton, California. No buscaba cambio, ni sentía ningún «impulso» urgente de considerar la oferta que me hacían. A decir verdad, solo dediqué un breve tiempo a la oración y a conversar con mi esposa antes de escribirles una carta a ambos presidentes en la que declaraba que no tenía ninguna percepción de que Dios me condujera en esa dirección. Según recuerdo, escribí una lista de varias razones «inamovibles» por las que no debía efectuar semejante cambio en mi llamado. Todas estas razones eran perfectamente lógicas, lo cual me hizo creer que no debía dedicarle más consideración al asunto. Redacté una carta convincente de dos páginas que tenía perfecta lógica… sin embargo, ¡estaba equivocada!

El Espíritu de Dios no me dejaba en paz. De maneras sutiles y a la vez definidas hacía que el pensamiento me volviera una y otra vez. Lo apartaba de mis pensamientos, y él hacía que resurgiera. Yo hacía caso omiso de la voz interior, pero él no permitía que pasara mucho tiempo sin que volviera otro pensamiento, aguijoneándome a que reconsiderara. A continuación se dio un doloroso forcejeo.

Mientras tanto, ocurrieron varios otros acontecimientos que me obligaron a volver al tema. ¡Dios cumpliría su voluntad, ya sea que me mostrara receptivo o no a la posibilidad! Se negó a dejarme en paz. Hubo otras llamadas telefónicas, visitas, períodos extensos a solas en oración y con las Escrituras, largas conversaciones con las personas que respetaba y numerosas noches agitadas. Finalmente, el corazón se me dio vuelta hacia ese rumbo y descubrí que ya no me era posible seguir resistiendo. Para fines de 1993, se había completado el ciclo: era la guía del Señor. Ya no me pude resistir. Sorprendido y asombrado, respondí que sí. Una notable sensación de paz interior me trajo alivio al alma.

Por lo tanto, ¿cómo nos guía Dios hacia su voluntad hoy? Sin quitar todo el misterio que suele acompañar a su voluntad, he descubierto varios absolutos que nos asisten en seguir al Señor.

¿CÓMO NOS GUÍA DIOS HOY?

Probablemente podría enumerar al menos diez maneras en que Dios guía hoy a sus hijos, pero me limitaré a las cuatro que a mi entender son los métodos más importantes.

Primero y esencial, Dios nos guía por medio de su Palabra escrita.

> Tu palabra es una lámpara a mis pies; es una luz en mi sendero (Sal 119:105).

Si bien pueden variar nuestras experiencias individuales en cuanto a cómo el Señor nos dirige de maneras singulares, nunca debemos —y recalco nunca— alejarnos demasiado de la Palabra de Dios revelada y fidedigna. Si lo hacemos, comenzaremos a usar nuestra propia experiencia como base para nuestras creencias, y las Escrituras menguarán en importancia al dar cada vez más lugar a experiencias extrañas.

Manténgase con las Escrituras. Mientras mantiene fiel la plomada, recuerde sencillamente que es posible que haya un gran espacio entre donde se encuentra y donde el Espíritu desea que esté.

Segundo, Dios nos guía mediante un impulso interno del Espíritu Santo.

> Yo te instruiré, yo te mostraré el camino que debes seguir; yo te daré consejos y velaré por ti (Sal 32:8).

El Espíritu de Dios obra en nuestro interior y nos dirige. Dicho impulso interno resulta decisivo, porque a menudo no nos es posible imaginar el paso que sigue. «Los pasos del hombre los dirige el SEÑOR. ¿Cómo puede el hombre entender su propio camino?» (Prov 20:24). ¡Me encanta eso! Al fin y al cabo dirá: «Sinceramente, no fui yo el que le encontró la vuelta a este asunto; debe de haber sido Dios». Cuanto más vivo la vida cristiana, menos sé por qué nos guía de la manera que lo hace. Además, no logro descifrar sus tiempos. Pero me consta que él guía.

No tiene nada de malo planificar. No tiene nada de malo reflexionar sobre el tema. No tiene nada de malo crear sus planillas, enumerar todos los pros y las contras. No tiene nada de malo conversar sobre el asunto. Sin embargo, a medida que vaya avanzando, manténgase sensible al impulso apacible y a la vez sumamente importante de Dios por medio de su Espíritu Santo. Resulta más fácil conducir un automóvil en movimiento. Si logra que el coche ruede, puede empujarlo hasta la estación de servicio a fin de comprar la gasolina. Solo manténgase receptivo. Al hacerlo, es muy probable que perciba impulsos internos que le harán surgir un pensamiento, como por ejemplo: *No puedo creer que todavía me interese eso. Me pregunto qué será lo que quiere el Señor. Me pregunto hacia dónde se dirige con esto.*

«¡Observe a fin de ver dónde obra Dios y únase a él!» dice el autor Henry Blackaby. «Vaya donde está Dios». ¿Por qué se le ocurriría estar en algún lugar donde no obre Dios?

Tercero, Dios nos conduce mediante el consejo de personas sabias, calificadas y confiables.

Esto no significa algún maharishi en Tíbet o algún desconocido de aspecto serio en la parada del autobús. Pida consejo de alguien que ha probado ser sabio y confiable y que por lo tanto es calificado para aconsejar acerca de cierto asunto. Por lo general, dichos individuos son mayores y más maduros que nosotros. Además, no tienen nada que ganar ni que perder. Esto también significa que no pertenecen a nuestra familia inmediata ni a nuestros amigos íntimos ni son integrantes del mismo grupo de personal. (Dichas personas suelen tener demasiados intereses creados que les impiden brindar ayuda objetiva.)

En momentos críticos de mi propia vida, he recurrido al consejo de personas avezadas, y rara vez se han equivocado. Pero debe escoger sus consejeros con sumo cuidado. Los consejeros sabios y confiables son personas que solo desean para usted lo que Dios quiere. Tales personas se mantendrán objetivas, escucharán con cuidado, serán de reflexión profunda y responderán con lentitud.

Finalmente, el Espíritu Santo nos guía hacia su voluntad al darnos una seguridad interna de paz.

Que gobierne en sus corazones la paz de Cristo [Pablo les escribió a los colosenses], a la cual fueron llamados en un solo cuerpo. Y sean agradecidos (Colosenses 3:15).

La seguridad interna de paz de parte de Dios obrará como árbitro en su corazón. Si bien la paz es una emoción, me ha resultado sumamente reconfortante cuando he batallado al intentar seguir la guía del Señor. Dicha calma dada por Dios viene a pesar de los obstáculos o de las contras, sea cual fuere el riesgo o el peligro. Casi vendría a ser la forma que tiene Dios de expresar: «Yo estoy en esta decisión… confía en mí mientras la atraviesas». He escuchado que se dice que la emoción no sirve como locomotora —que impulsa la decisión— pero es maravillosa como furgón de cola, que aparece al final.

CÓMO SEGUIR A DIOS EN EL MUNDO REAL

Seguir la guía del Espíritu es realidad, no teoría. Hemos tratado algunas de las condiciones previas y requisitos para seguir la guía del Espíritu; ahora viene el punto clave: tenemos que hacerlo en el mundo real. Nuevamente, Henry Blackaby proporciona buen consejo en cuanto a seguir la guía del Espíritu en su excelente libro *Experiencing God* [Experiencia con Dios]. Manifesta que casi siempre comienza con una «crisis de fe». El seguir la guía de Dios exigirá un cambio. No puede continuar la vida de costumbre ni mantenerse en el lugar donde se encuentra y andar con Dios a la vez. La fe y la acción son como hermanas gemelas; van juntas.

Imagine cuán difícil le habrá resultado a Moisés combinar la fe y la acción cuando dio ese primer paso hacia el Mar Rojo. Y al hacerlo, Dios abrió un paso en seco a través del mar.

Imagine el paso de fe que dio Noé al dejar su trabajo y construir el arca.

Jonás debió dejar su hogar y superar un serio prejuicio a fin de predicar en Nínive.

74

Los discípulos Pedro, Andrés, Jacobo y Juan debieron abandonar su actividad pesquera para seguir a Jesús.

La lista de ejemplos es larga. En cada generación, las personas que querían seguir a Dios atravesaron importantes crisis de fe y ajuste.

Blackaby escribió:

> El tipo de tareas que Dios da en la Biblia siempre tienen tamaño divino. Siempre van más allá de lo que puede hacer la gente porque él desea demostrar su naturaleza, su fuerza, su provisión, su bondad a su pueblo y a un mundo que observa. Esa es la única forma de que el mundo llegue a conocerlo.[1]

Hebreos 11:6 nos comunica que «En realidad, sin fe es imposible agradar a Dios, ya que cualquiera que se acerca a Dios tiene que creer que él existe y que recompensa a quienes lo buscan». El seguir a Cristo implica que debemos creer que Dios es quien dice ser y que hará lo que manifiesta que hará. Eso suena sumamente elemental, pero tiene ramificaciones profundas.

Cuando Cynthia y yo comenzamos el ministerial radial en inglés allá por 1979, éramos completamente novatos. No teníamos trasfondo en radio, no entendíamos el mundo de los medios, y virtualmente no teníamos dinero para comprar tiempo de emisión. Rara vez escuchábamos la radio cristiana. Sin embargo, allí fue donde nos llevó el plan de tamaño divino del Señor. Durante más de tres décadas sin interrupciones, hemos tenido que creer que Dios es quien dice ser y que hará lo que dice que hará. En ocasiones hemos quedado arrinconados, aparentemente sin salida, y nos hemos visto forzados a creer en él. Invariablemente, él se mueve de manera especial a fin de proporcionarnos dirección. Cuando llega el momento de pasar la lista de créditos, Su nombre es el único que merece aparecer en la lista.

HAGAMOS DE ESTO ALGO PERSONAL

Pregunta 1: ¿Qué cosa hace que le resulte difícil seguir a Cristo?

El andar con el Señor constituye un sendero riesgoso, y cuando vivimos y nos apoyamos en nuestro propio entendimiento, todo lo que hay en nosotros grita: «Déjalo como está. Si no está descompuesto, no intentes componerlo». Pero a veces hay cosas que es necesario reacomodar aun cuando no estén descompuestas. A veces nos hace falta un cambio de dirección, no necesariamente porque hayamos tomado un rumbo equivocado, sino porque sencillamente no es la dirección que Dios quiere para nosotros. Dios no quiere que optemos por lo bueno en lugar de lo óptimo.

Pregunta 2: ¿Está dispuesto a realizar un cambio importante en su vida, suponiendo que el Señor es quien guía?

Estoy convencido de que en gran parte nuestra batalla no se relaciona tanto con «¿Qué quiere el Señor que haga?», sino más bien con «¿Estoy dispuesto a hacerlo, una vez que él lo aclara?».

Pregunta 3: ¿Alguna vez siguió lo que usted supuso era la guía de Dios, solo para que luego esos planes se le desbarataran?

Nuevamente volvemos a donde estuvimos al iniciar el capítulo: puertas abiertas frente a puertas cerradas. ¿Qué hizo cuando pensó que seguía a Dios y todo iba de maravillas… hasta que luego no fue así? Me gustaría acampar aquí durante el resto del capítulo porque como pastor me consta que es aquí donde viven muchas personas.

Le quiero contar primeramente que Cynthia y yo nos hemos topado con unas cuantas puertas cerradas que hasta el día de hoy no podemos explicar. Al igual que usted, procuramos hacer lo que creíamos de todo corazón era la guía de Dios. Pedimos dirección, nos presentamos delante de él, no nos aferramos a nada, dispuestos a rendir cualquier cosa que debía ser rendida a fin de lograr que sucediera. *¡Pum!* Allí estaba otra vez: una puerta cerrada.

Quizá usted pueda sentirse identificado.

Usted se imaginó un exitoso negocio de modo que se trasladó de un campo conocido a uno desconocido. Parecía que tenía toda razón de hacer dicho traslado. Se abrieron oportunidades. Usted entró al nuevo trabajo, y no pasó mucho tiempo antes de darse cuenta de que… sencillamente no era lo más adecuado para usted.

Cultivó una relación con una excelente persona y dedicó meses, quizá años, a llegar a conocerse mutuamente de verdad, y al hacerlo se enamoró profundamente. Justo cuando llegó al tema del casamiento, ¡*Pum!* se cerró la puerta, se enfrió el romance, y la relación se terminó. Puerta cerrada.

Estaba en el ministerio. Volcaba su vida en él, emocionado de ser usado por Dios. Luego algo cambió —en la organización, en las exigencias, en su perspectiva— y de repente la temporada fructífera se terminó. ¿Qué sucedió?

Se entusiasmó con cierta escuela. Había obtenido buenas calificaciones y tenía un buen currículum. Sin embargo, solo aceptaban una cantidad determinada de aspirantes, y cuando se tomó la decisión final, ¡*pum!*… no lo seleccionaron. Sin explicación, sin razón. Se desilusionó. La puerta se había cerrado. Punto. Fin del cuento.

¿O no?

El doctor Bruce Waltke, uno de mis mentores en mi estudio de Hebreos en el seminario, solía decir: «Cuanto más vivo, y cuanto más cerca de Cristo camino, mayor es mi convicción de que él no se toma el tiempo de explicar el por qué. De modo que confiamos en él a lo largo de la vida sin la expectativa de que sea respondido el «por qué».

No pasa mucho tiempo en la vida cristiana antes de que se dé cuenta de que con regularidad se presentan puertas cerradas y puertas abiertas… pero a menudo nos sorprenden. Por más que oremos profundamente y con asiduidad nos mostremos dispuestos a seguir la guía del Señor, hay veces que su respuesta es «por aquí no». Así es… «no». Puerta cerrada.

Como somos meros humanos, tendemos a usar un poco de fuerza cuando encontramos una puerta cerrada. Después de todo, hemos trabajado de modo bastante arduo para que se dé este plan. Me refiero a que abandonamos lo que teníamos por allá y nos trasladamos hasta acá, y no nos resignamos a aceptar una puerta cerrada sin oponer resistencia. De modo que sacamos a relucir la palanca del ingenio, o bien usamos un poco de creatividad carnal, y le damos a la puerta, porque es nuestra intención abrirla a la fuerza.

Alto… alto. Hágale caso a alguien que ha hecho eso con demasiada frecuencia. Toda vez que fuerce una puerta, con la idea de que hallará satisfacción al conseguir lo que quiere, a la larga lo lamentará. Déjela cerrada. Retírese. Acéptelo. En la aceptación hallará paz.

UN EJEMPLO CLÁSICO

En Hechos 16 hallamos un ejemplo de cómo una puerta se cerró de un portazo en las narices de algunos verdaderos siervos de Dios. Dos misioneros, Pablo y Silas, y su joven protegido Timoteo estaban de camino atravesando Turquía, que se llama Asia en dicho relato bíblico. A lo largo de su travesía ministraban en las jóvenes iglesias que encontraban en el camino. «Las iglesias se fortalecían en la fe y crecían en número día tras día» (16:5). Se trataba de un país pagano e idólatra; sin embargo, por toda el área, las personas se entregaban a Cristo, y se fundaban iglesias.

A continuación, salieron de la zona conocida y pasaron hacia la región de Galacia con grandes esperanzas. Lea lo que sucedió: «Atravesaron la región de Frigia y Galacia, *ya que el Espíritu Santo les había impedido que predicaran la palabra en la provincia de Asia.* Cuando llegaron cerca de Misia, intentaron pasar a Bitinia, pero *el Espíritu de Jesús no se lo permitió*» (16:6–7, el énfasis es mío).

¡Pum! Una puerta cerrada siguió a otra.

¡Momentito! Habían *tenido* una puerta abierta. Todas las luces estaban *verdes*. Pero a medida que se acercaban a las regiones más centrales y sureñas, Dios les cerró la puerta. «El Espíritu de Jesús no se lo permitió».

De modo que pensaron, *Obviamente el Señor nos conduce hacia otro rumbo.* Y así fue que «cuando llegaron cerca de Misia, intentaron pasar a Bitinia».

Usemos nuestra propia geografía a fin de tener un sentido más aproximado del viaje de ellos. Empezaron en Carolina del Sur, cruzaron hasta Tennessee, y la puerta se cerró. Así que bajaron hasta Alabama, Mississippi y Luisiana. «Quizá podamos predicar allí». No, otra puerta cerrada. «Pues, entonces vayamos hasta Kansas y sigamos hasta Nebraska. ¿Y qué tal si vamos a Dakota del Norte?» *Pum, pum…* puerta cerrada. Una puerta cerrada tras otra.

De modo que acabaron en Troas. Eso es como hacer el recorrido hasta Oregón. Si sigue avanzando se meterá directamente al océano. Asimismo en Turquía, no puede ir más allá de Troas. Es el punto extremo noroeste del continente.

Al mirar el océano, Pablo habrá pensado: «*Señor, no lo entiendo*». Él, Timoteo y Silas seguramente buscaron al Señor durante horas, mientras preguntaban: «¿Qué es lo que intentas hacer, Dios? ¿Qué intentas decirnos? ¿Por qué tantas puertas cerradas? ¡Mira todas las personas que hemos dejado sin evangelizar! No nos has permitido que les dijéramos una sola palabra».

Tendemos a pasar de un salto al asombroso mensaje que recibió Pablo a continuación. Pero deténgase lo suficiente para entrar en la desilusión y frustración de ellos por un momento. No pudieron predicar en Frigia ni en Galacia, y tampoco se les permitió que hablaran de Cristo en Misia ni en Bitinia. ¡Prohibidos por el Señor! Debieron pasar por esos lugares poblados donde había gran necesidad de las buenas noticias ¡y pese a ello mantenerse callados! Debieron viajar lo más lejos posible… hasta Troas. No tenía ningún sentido.

Usted se ha encontrado en una situación de ese tipo, ¿no es cierto? Esto daba la impresión de ser lo que debía hacer, y se dedicó a ello y se invirtió en ello, ya sea tiempo, dinero, dones o esfuerzo y *¡pum!*... para su gran sorpresa, la puerta se cerró de un portazo. Siempre resulta difícil saber por qué.

No sé cuánto tiempo estuvo Pablo en Troas, esperando y orando, pero cierta noche todo cambió.

Se le apareció una visión durante la noche: «Un hombre de Macedonia, puesto de pie, le rogaba: "Pasa a Macedonia y ayúdanos"» (Hechos 16:9).

Algunos leen esto y piensan: *Eso es lo que me hace falta, una visión durante la noche.* No, no le hace falta eso. No nos hacen falta sueños y visiones para poder seguir al Espíritu. Pero en aquellos días antes de que se completaran las Escrituras, Pablo necesitaba de una fenomenal prueba guiada por el Espíritu de lo que Dios quería que hiciera.

El hombre en Macedonia dijo: «Ven y ayúdanos». En otras palabras, les instó a que navegaran las aguas del norte del mar Egeo, que atravesaran todo un continente hasta llegar a otra cultura y otro lenguaje. Puerta cerrada de un lado; puerta abierta del otro. Gracias a Dios, Pablo estaba listo y dispuesto. Cuando le llegó el mensaje, zarparon en el primer barco que salía del puerto y «en seguida nos preparamos para partir hacia Macedonia, convencidos de que Dios nos había llamado a anunciar el evangelio a los macedonios» (Hechos 16:10).

Fíjese lo que Dios había preparado para ellos en dicho lugar:

> En esa ciudad nos quedamos varios días. El sábado salimos a las afueras de la ciudad, y fuimos por la orilla del río, donde esperábamos encontrar un lugar de oración. Nos sentamos y nos pusimos a conversar con las mujeres que se habían reunido. Una de ellas, que se llamaba Lidia, adoraba a Dios. Era de la ciudad de Tiatira y vendía telas de púrpura. Mientras escuchaba, el Señor le abrió el corazón para que respondiera al mensaje de Pablo (Hechos 16:12–14).

Esta es la primera obra de evangelismo en Europa que se registra en el Nuevo Testamento. Esta fue la semilla de la iglesia de Filipos, la iglesia de Tesalónica y la iglesia de Corinto. Dios ya estaba obrando. Había cerrado la puerta hacia Turquía sin pedir permiso, sin advertencia previa, y sin ninguna explicación; sin embargo, la puerta ahora se abrió de par en par en Europa. Los corazones estaban listos para la siembra de la semilla.

AÚN OCURREN PUERTAS CERRADAS Y PUERTAS ABIERTAS

Hace varios años se me pidió que predicara en una reunión de aniversario de los Navegantes en Estes Park, Colorado. Al final de la semana, uno de los hombres me llevó en su automóvil de regreso a Denver para que pudiera tomar el avión. De camino me preguntó:

—¿Puedo contarle mi historia?

—Por supuesto —le respondí.

—En realidad es una historia de puertas cerradas y de puertas abiertas.

—Fantástico —le respondí—, he vivido unas cuantas de esas, de modo que cuénteme de las suyas.

—Pues bien —empezó—, mi esposa y yo no lográbamos tener paz, de ningún tipo, permaneciendo en los Estados Unidos. Estando en una conferencia hace años con unos cuantos de los líderes de los Navegantes, se me ofreció la oportunidad de iniciar nuestra obra en Uganda.

»¿Uganda? —dijo él—. Casi ni lo podía deletrear cuando me lo señalaron en el mapa y dijeron: "Quizá es allí donde el Señor quiere que vayan tú y tu familia".

»Fui a casa, y lo comuniqué a mi esposa y a nuestros tres hijos, y empezamos a orar. —Le preguntó a su esposa— "Querida, ¿estás lista para aceptar el desafío de Uganda?".

Y ella respondió:

—Si esa es la puerta que Dios nos ha abierto, estoy lista para el desafío. —Maravillosa respuesta.

De modo que viajaron en avión a Nairobi, Kenya, donde hospedó a su familia en un hotel mientras él alquiló un Land Rover con el cual cruzó la frontera entrando en Uganda, a fin de investigar la situación. Fue justo después del reinado de terror de Idi Amin.

—Una de las primeras cosas que me captó la atención al entrar en la aldea donde pasaría mi primera noche fueron varios niños que portaban armas automáticas, y las disparaban hacia el cielo.

Al pasar en mi automóvil, me miraron fijamente y me apuntaron con sus armas.

—Nada sucedió, pero el entorno era así de volátil. Pensé: *Señor, ¿estás en esto?* Se me fue el alma al piso a medida que caía la noche.

—A estas alturas las calles estaban oscuras. Estacioné cerca de un hotel lúgubre y mal iluminado. Una vez adentro, me acerqué al mostrador de recepción. El empleado, que solo hablaba un poco de inglés, me dijo que había una cama disponible. De modo que subió dos pisos por escalera y abrió la puerta y encendió la luz… un bombillo pelado que colgaba sobre una mesa. Vi una habitación con dos camas, una estaba sin tender y la otra tendida. Inmediatamente comprendí: «Comparto este cuarto con otra persona». Un escalofrío me recorrió la espalda.

—Con eso me bastó. Necesitaba la clase de ánimo que solo Dios podía proporcionarme.

—Caí de rodillas y dije: «Mira, Señor, tengo miedo. Estoy en un país que no conozco, en una cultura que me es completamente desconocida. No tengo idea de quién duerme en esa cama. Por favor, ¡muéstrame que tú estás presente en esta mudanza!».

—En el momento que terminaba mi oración, la puerta se abrió de golpe, y allí estaba un africano que medía aproximadamente 1,96 metros de estatura, que me miraba con el ceño fruncido, mientras me decía en un hermoso inglés británico: «¿Qué hace usted en mi cuarto?»

—Me quedé inmóvil un instante, y luego entre dientes le respondí: «Me dieron esta cama, pero solo quedaré aquí una noche».

—¿Qué hace usted en mi país? —preguntó el africano.

—Pues, estoy con una pequeña organización llamada los Navegantes».

—¡Ahh! ¡Los Navegantes! —De repente al africano alto se le dibujó una enorme sonrisa en el rostro, me envolvió con sus brazos como su nuevo compañero de cuarto, y se rió a carcajadas.

—Me levantó del piso y danzó alrededor del cuarto conmigo.

—Alabado sea Dios, alabado sea Dios —dijo el africano.

—Finalmente nos sentamos a la mesa, y este hermano en Cristo me contó:

—Desde hace dos años he orado pidiéndole a Dios que me enviara a alguien de dicha organización. —Y sacó un pequeño paquete de versículos bíblicos para memorizar y me señaló el lugar donde, al pie de cada uno de los versículos, se leía: «Los Navegantes, Colorado Springs, Colorado».

—¿Es usted de Colorado Springs, Colorado? —preguntó.

—Lo era. Pero me estoy mudando a Uganda para iniciar aquí una obra para los Navegantes en este país.

La puerta de nueva esperanza se abrió de par en par en la vida de mi amigo. Ese africano era de Uganda. Se convirtió en miembro de la junta directiva para su ministerio… Lo ayudó a encontrar una vivienda… Le enseñó todo acerca de la cultura… Lo asistió con el lenguaje y se convirtió en su mejor amigo durante los muchos años que estuvieron allí sirviendo a Cristo.

Las puertas se cierran. Las puertas se abren. Las vidas son cambiadas.

Cuatro pautas que servirán de ayuda

Si usted batalla con una puerta cerrada, tengo cuatro pautas para comunicarle que me han sido de ayuda en mi propio proceso.

1. Dado que Dios es soberano, él ejerce pleno control.
Léase Apocalipsis 3:7: «[Yo soy] el que abre y nadie puede cerrar, el que cierra y nadie puede abrir».

2. Dado que ejerce pleno control, Dios acepta plena responsabilidad de los resultados.
No intente llevar esa carga. No le corresponde a usted hacer que funcione el plan divino; eso le corresponde a Dios. A usted le toca andar en su voluntad, pase lo que pase; a Dios le corresponde poner todo en marcha.

3. El cierre de una buena oportunidad ocurre a fin de conducirle a una oportunidad mejor.

A menudo en los aires de cambio hallamos un nuevo rumbo. Considere el relato que acaba de leer. Una buena puerta se cerró en los Estados Unidos para esa querida familia; una puerta mejor se abrió en Uganda.

He escuchado incontables historias semejantes a esta a lo largo de muchos años de ministerio. «Llegué al final de la soga, até un nudo y me aferré a él. Confié en el Señor al atravesar esto, y ni se imagina lo que se abrió a consecuencia de que yo no forzara mi senda por el rumbo que a mi entender yo debía recorrer». Dios se hizo cargo e hizo que una sacudida se convirtiera en gozo.

4. Solo al entrar por la puerta abierta podremos comprender la necesidad de la puerta anterior cerrada.

Como resultado de obedecer a Dios, de aceptar las puertas cerradas y de entrar por las abiertas, Dios lo honrará con una perspectiva que de otro modo nunca tendría. Henri Nouwen escribió: «Los años que quedan a sus espaldas, con todas sus luchas y sus dolores, con el correr del tiempo solo serán recordados como el camino que lo condujo a su nueva vida».[2]

Regresemos a mi relato de Uganda. Después de más de una docena de años, la obra de los Navigators quedó bien establecida, y se terminó el trabajo de mi amigo en Uganda. Otra persona del personal de Navigators tomó el manto al volver mi amigo con su familia a los Estados Unidos. Llevaban menos de un año de haber regresado cuando la clase de secundaria de su hijo hizo un viaje a Washington D.C., como viaje de egresados. El padre le dijo a su hijo:

—Hijo, aquí tienes cuarenta dólares. Cómprate algo que sea un excelente recuerdo de tu viaje a la capital de nuestra nación.

Su hijo se fue durante varios días. Al regresar, tenía un paquete. Dijo:

—Te quiero sorprender, papá.

De modo que mi amigo esperó hasta que su hijo lo invitó a pasar a la habitación. Al entrar en el cuarto, vio que colgaba sobre la cama una enorme bandera de Uganda.

—Esto es lo que compré con el dinero que me diste —acotó el muchacho—. Esos años en Uganda fueron los mejores de mi vida, papá.

Vaya perspectiva. El hombre temía que el ir a Uganda pudiera lastimar o ser de impedimento a su familia, cuando, en realidad, su hijo ahora tenía una pasión perdurable por la obra de Dios más allá de las fronteras de los Estados Unidos. Se trataba de una pasión que nunca habría tenido si su padre no hubiera obedecido entrando por la puerta abierta.

Quizá usted se ha topado con una puerta cerrada, y la ha estado resistiendo, la ha estado empujando, ha estado luchando en contra de ella. Ha procurado encontrar alguien a quien echarle la culpa. Le resulta difícil aceptar el hecho de que la puerta está verdaderamente cerrada. Ha llegado hasta su propia Bitinia o Misia, y para su sorpresa, la puerta se ha cerrado. Pídale al Señor que se encuentre con usted en su Troas personal al considerar usted el vasto mar de posibilidades. Pídale que le dé paz en un rumbo completamente diferente. Al igual que Pablo en Troas, sea receptivo, muéstrese dispuesto.

Es fácil desilusionarnos y descorazonarnos al pensar que hemos perdido su dirección, cuando, en realidad, estamos en el núcleo mismo de su voluntad. Nos cuesta que nuestros sueños se hagan añicos, que no se cumplan las esperanzas, enfrentarnos a un futuro incierto y desconocido y, a veces, a decir verdad, indeseado. Pero Dios tiene una manera de guiarnos infaliblemente hacia la senda de justicia por amor de su nombre.

Acepte esta puerta cerrada, dese por vencido, déjelo estar, mi amigo… déjelo estar. Cambiará mucha intensidad y preocupación por tranquilidad y alivio. Suelte las riendas… y permita que conduzca el Espíritu.

UN PUNTO ESENCIAL MÁS: TOME EL TIEMPO NECESARIO PARA ESCUCHAR

¿Quiere seguir la dirección del Espíritu de Dios? Desea escuchar su voz… brindándole consuelo, señalándole el rumbo, inculcándole fe? ¿Desea ser abrazado por su Espíritu?

Entonces deberá pasar tiempo con él. Las cosas importantes rara vez se presentan a las corridas. Debe presentarse a sus encuentros con él, o no escuchará lo que tenga para decirle. No sabrá de sus promesas. No tendrá mucha seguridad en cuanto al mañana.

Pareciera que siempre nos dirigimos a paso acelerado hacia alguna parte. Conducimos el auto a mayor velocidad, caminamos más rápidamente, pensamos más rápidamente. Resulta fácil en nuestra cultura frenética olvidar el valor de estar quietos y saber que Dios es Dios. Resulta más fácil preocuparnos y atemorizarnos que recordar que el Espíritu de Dios está con nosotros y que ha prometido fortalecernos y estabilizarnos para toda buena obra. Cuando hago una pausa y permanezco en silencio delante del Señor, la marcha más lenta ayuda a despegar el barniz. La disciplina del silencio incrementa mi sensibilidad y disminuye mi ansiedad.

Puedo decir por experiencia que cuando paso tiempo con el Señor, obtengo pensamientos nuevos y creativos. Me aparecen nuevas ideas. Recibo instrucciones. Él aviva mi emoción. Me proporciona un impulso en un área específica de mi vida. Sí, resulta riesgoso andar con él; significa que debo estar dispuesto a escuchar lo que dice Dios y a seguir su plan. Pero las recompensas de ser abrazado por su Espíritu son incontables e inacabables.

Me aventuraría a decir que algunos de ustedes piensan que están en el centro de la guía de Dios en este momento, pero cuando empiece a pasar tiempo con él, descubrirá aspectos en los que Dios quiere hacer la sintonía fina. Si sigue corriendo, estará demasiado ocupado para notarlo. Le insto a que se salga del tránsito y que descanse un rato.

Si desea seguir la guía de Dios… si desea escuchar la voz de su

Espíritu… si desea conocer la confianza y la seguridad que vienen con el abrazo de su Espíritu, acérquese más y escuche mejor. Pídale que ablande el suelo de su corazón que ha estado endurecido por amargura, tristeza, resentimiento o culpa por causa de puertas anteriormente cerradas. Pídale a Dios que cree en usted un espíritu de buena voluntad y disponibilidad. Pronto descubrirá durante el proceso una dulzura de relación y una profundidad de intimidad con él como nunca antes conoció.

¿Cómo me libra del pecado el Espíritu?

No es un mensaje que escuchemos con mucha frecuencia. Los predicadores que quieren hacerle sentir bien lo evitan como si fuera la plaga. La mayoría de los pastores preferiría predicar sobre cualquier otro tema. Me refiero a nuestra batalla cotidiana contra el pecado. Usted está en la batalla. Yo estoy en la batalla. Es implacable.

El pecado con toda su fealdad nos tiene en sus garras de tal modo que no podemos escapar, esclavizándonos con patrones de pensamiento y conductas que agravian al Señor y nos hacen daño. Si el Espíritu no morara en nosotros, brindándonos constante ayuda, el pecado nos envolvería en sus cadenas personalizadas y hechas a nuestra medida. Nos destruiría… en un instante. De por sí, el devastador efecto del pecado en nuestra vida personal va más allá de lo que cualquiera de nosotros pudiera imaginar. De cerca, tanto usted como yo hemos percibido la atrocidad de la batalla, particularmente de las batallas que hemos perdido.

Con solo echarle un vistazo a las noticias del día, podremos convencernos con toda rapidez de que nuestro mundo está en las garras del pecado, aprisionado. Es el desagradable impulso que subyace…

- al engaño a cualquier nivel
- a las adicciones de todo tipo

- al maltrato de nuestros inocentes
- a la actitud de «primero yo» que domina nuestros hogares, nuestros lugares de trabajo, nuestras iglesias, y que nos destruye por dentro
- a todas las cosas que nos tornan egoístas, poco amables, impacientes, llenos de ira, vengativos, codiciosos y orgullosos

Ese es nuestro espantoso lado oscuro.

También hemos visto la belleza de la obra del Espíritu Santo en nuestra vida al conquistar a dicho enemigo perpetuo. Como un faro de luz, el Espíritu puede inundar nuestra vida con gracia y alivio. Si usted fue lleno del Espíritu, según lo que escribí anteriormente, conoció el gozo que él derrama en nuestro corazón y el refrigerio que vierte sobre nosotros. Experimentó el poder que él hace posible que tengamos, el cual nos libra, primeramente del castigo del pecado, y luego de la esclavitud del mismo. Dicha libertad es lo que queremos tratar en el presente capítulo... pero primero debemos echar el cimiento.

EL PLAN DE BATALLA DE LA VICTORIA

Romanos capítulos 6, 7 y 8 presentan nuestra estrategia de batalla a grandes rasgos. Comencemos con nuestro problema y luego volquémonos a la solución.

Romanos 6

Buena noticia: por causa de la obra de Cristo a favor de nosotros y del poder del Espíritu que mora en nosotros, el pecado ya no tiene control de nosotros como antes lo tenía. Hemos sido emancipados. La libertad es nuestra si nos apropiamos de ella. Nuestra vieja manera de vivir fue clavada a la cruz junto con Cristo, dando fin contundente a esa vida de pecado vil. ¡Ya no estamos más a entera disposición del pecado!

El mensaje liberador de Romanos 6 está encapsulado en los

versículos 12–13: «Por lo tanto, no permitan ustedes que el pecado reine en su cuerpo mortal, ni obedezcan a sus malos deseos. No ofrezcan los miembros de su cuerpo al pecado como instrumentos de injusticia; al contrario, ofrézcanse más bien a Dios». «Están libres de su antiguo amo», escribió el apóstol Pablo. «Ya no permitan que siga reinando sobre ustedes».

Romanos 7

Mala noticia: ¡usted y yo seguimos en batalla contra el pecado! Luchamos por establecer quién estará al mando. Tal vez fuimos librados, pero el antiguo amo sigue vivito y coleando. Nuestra lucha, a las claras, es que: «Estoy harto de mí; después de todo, he pasado largo tiempo en la cárcel del pecado. Lo que no comprendo acerca de mí es que decido de una manera, pero luego obro de otra, haciendo cosas que rotundamente aborrezco» (Romanos 7:14–15, El Mensaje).

La batalla que peleamos contra el pecado comunica una realidad retorcida a los que nos observan y viven con nosotros, sobre los cuales influimos. Esta es la lucha confusa y frustrante para todo seguidor de Cristo de este mundo. No cambiará hasta que él nos quite de este planeta.

En el versículo 18 me desespero: «Yo sé que en mí… nada bueno habita».

En el versículo 23, estoy en una batalla. «En los miembros de mi cuerpo hay otra ley, que es la ley del pecado. Esta ley lucha contra la ley de mi mente, y me tiene cautivo». Ocurre con tanta regularidad que es previsible. Al instante que decido hacer el bien, el pecado está presente para ponerme la zancadilla.

En el versículo 24, me veo tal cual soy: «¡Soy un pobre miserable!»

Eso explica por qué un hombre que pudo ayudar a tantos otros pudiera en un arrebato tomar la decisión de ahorcarse. Eso explica por qué un pastor que durante años predica las gloriosas nuevas de Jesucristo pudiera derrumbarse y caer en una vorágine moral que arruina su reputación y le roba la confianza de toda la comunidad.

«¿Cómo puede ser que un hombre haga tal cosa?» nos preguntamos. Ocurre porque es «un pobre miserable». Se da porque la carne ganó esa guerra.

Y antes de que se permita cinco segundos de juicio contra otra persona, comprenda que posee el mismo potencial desagradable dentro de usted. Posee la misma naturaleza tenebrosa. No tiene nada mejor en uno que en otro.

En el versículo 24, estoy atrapado. He probado todo y nada ayuda. «¿Quién me librará de este cuerpo mortal?».

Este pesado y oscuro capítulo siete en Romanos describe la sensación que se percibe al estar «condenado». Nuestro pecado nos condena. ¿Cómo? Primero viene la culpa. Luego la vergüenza la acompaña. A continuación viene la desilusión con uno mismo. Una leve depresión perdura por el hecho de rebelarnos contra lo que sabemos que es correcto… pese a que tenemos dentro el poder de vencerlo. ¡Con razón nos saca de quicio! Todos hemos pasado por esto. Nos encontramos que estamos cosechando lo que sembramos en la carne, y las consecuencias son, pues, *miserables.*

Por todas partes en este capítulo vemos escritos los sentimientos de un hombre cansado. Está agotado de permitir que el ciclo del pecado continúe. «Soy un hombre cansado y miserable. Me siento desesperanzado. ¿Quién me librará? Estoy condenado en este cuerpo de muerte. Estoy atrapado; ¿quién me pondrá en libertad?».

¡Excelente pregunta! Por cierto, ¿quién tiene la capacidad de otorgarnos la victoria sobre nuestro antiguo amo? Ciertamente, ¿«quién me librará» de la presencia del pecado que me tiene asido, atrapado y pegado? Tenemos una desesperante necesidad de ayuda; sin él estamos perdidos.

Capítulo tras capítulo, el libro de Romanos trata con pecado, pecado y más pecado… sin una sola palabra que nos alivie del lado oscuro. Y luego, cuando parece que la cortina cae y el lector toca fondo sin que haya manera de pasar ni de salir… *¡Eureka!* Aparece el Espíritu de vida. La cortina rápidamente vuelve a levantarse, el escenario se llena de luz, y regresamos a la misma solución magnifica: el Transformador mismo… ¡el Espíritu Santo! Que pasa a ser el tema de…

Romanos 8
Noticia victoriosa: el Espíritu proporciona una nueva dimensión de la vida. El síndrome deprimente que se presenta en Romanos 7 queda vencido en Romanos 8. La «ley del pecado y de la muerte» que habitualmente nos condenaba en nuestra condición perdida ha sido conquistada por «el Espíritu de vida» en Cristo Jesús (v. 2). Por eso «ya no hay ninguna condenación para los que están unidos a Cristo Jesús» (v. 1).

La totalidad del énfasis de Romanos 8 es nuestra seguridad en Cristo. Comienza con «Ninguna condenación» y termina con «Ninguna separación». El versículo 35 dice: «¿Quién nos apartará del amor de Cristo?». Recuerde que esto está apenas a una breve distancia de: «¡Soy un pobre miserable!». El capítulo 8 es como un gran crescendo que se eleva en dramático énfasis hacia su seguridad en Cristo. Nunca podrá —pase lo que pase— ser separado del amor de Dios que es en Cristo Jesús nuestro Señor. ¡Qué seguridad!

Una nueva manera de vivir

No hay manera de que pueda exagerar la realidad del pecado ni el alivio producido por el Espíritu. La mejor manera que se me ocurre es llevarlo al lejano oeste de Texas. Imagínese arriba de un cerro aislado. Alcanza a ver kilómetros a la redonda… solo hay un páramo plano, estéril y de color carmelita. La tierra está desolada y quemada por la sequía. El viento caliente sopla sin cesar. Si usted viaja en automóvil, los kilómetros se caracterizan por una monotonía interminable. Lo único que lo mantiene al volante es su capacidad de aguante hasta llegar a donde se termina la faja oeste de Texas penetrando en la parte norte de Nuevo México.

Allí el paisaje comienza a cambiar lentamente a medida que sube por el Paso Ratón que monta guardia al pie del sendero de Santa Fe, una ruta de transportación del siglo XIX que cruzaba el centro de Norteamérica. El paso sube más, más y más por encima de dos mil metros de altura hasta llegar al lado este de las montañas Sangre de Cristo en el límite de Colorado. Momentos después el paisaje adquiere un color nuevo… ¡y es verde!

Por último, sigue subiendo, por el sur y centro de Colorado hasta llegar a las Rocallosas. ¿Existe un banquete visual que supere en magnificencia a las majestuosas Rocallosas de Colorado? Picos nevados seguidos de más picos que resultan indescriptibles. ¡Son estupendos!

Eso se asemeja a salir del páramo de la vida en la carne y viajar hacia la belleza y la magnificencia del poder del Espíritu Santo. El Espíritu toma el mando, ocupa su mente y en última instancia le impregna el pensamiento, despejando la monotonía y el desierto de los días vividos bajo el poder tenebroso y lúgubre del pecado.

A medida que Dios obra dentro de nosotros y comienza a romper las ataduras de las consecuencias del pecado y nos libera de manera tan maravillosa, introduce una ráfaga de brisa fresca y la frescura del verdor fecundo. La vida de su Espíritu en nosotros cambia todo al refrescar y renovarnos. El desaliento y la desesperanza se dejan de lado cuando él nos rescata, a la vez que nos recuerda que está obrando dentro de nosotros.

¿A quién se le ocurriría vivir de otra manera?

Sin embargo, a decir verdad, muchas personas —quizá usted— aún viven en el fondo del desierto. Vive atemorizado de la vieja naturaleza que está en su interior, y todavía se percibe como una víctima impotente que no tiene control sobre ella. Todavía dice: «Pues, supongo que sencillamente soy así». Todavía deambula, todavía caprichoso, todavía se rinde al poder que no tiene derecho a controlarlo. Sigue viviendo en el desierto monótono y estéril. Pero no tiene por qué ser así. El Espíritu lo invita a subir remontándose cada vez más hasta las alturas.

NUESTRA PROCLAMA DE EMANCIPACIÓN

Pensemos ahora en el «cómo»: ¿cómo nos libra el Espíritu a diario?

Podemos pasar la vida pensando que lo tenemos todo resuelto, para luego descubrir que existe todo un mundo diferente que mientras tanto se nos ha pasado por alto. Deseo presentarle un conocimiento que muchos cristianos (me siento tentado a decir la *mayoría*) no tienen.

Me refiero a la esclavitud. Eso quizá lo sorprenda. La mayoría de nosotros nunca vio de primera mano la cruda realidad de la esclavitud humana. Hemos visto documentales televisivos referidos al tema, pero lo más probable es que la mayoría de nosotros nunca la vio personalmente.

Trágicamente, otra categoría de esclavitud ocurre todos los días en la vida de los cristianos.

Pero antes de pasar hacia allí, captemos una imagen mental de la esclavitud. Allá por el siglo diecinueve nuestro decimosexto presidente se dio cuenta de que algo radical debía hacerse en cuanto a la esclavitud en nuestro país. Dado que ya no estaba dispuesto a seguir desviando la mirada, el 22 de septiembre de 1862, presentó lo que se llamó la Proclama de Emancipación, un documento oficial que condenaba la esclavitud humana.

Abraham Lincoln, al comprender que la esclavitud se oponía totalmente a la dignidad humana, oficialmente la abolió de los Estados Unidos ese día. Trágicamente, poco cambió en la vida de nuestra nación, pese a que, oficialmente, los esclavos fueron declarados libres. Usted sabe el por qué, ha leído las historias. La Guerra Civil aún se peleaba. Los dueños de las plantaciones nunca informaron a sus esclavos. La vasta mayoría de los otrora esclavos no podía leer, de modo que no tenían idea de lo que comunicaban las noticias. No había medios masivos de comunicación en aquel entonces que anunciaran esa clase de declaración presidencial. Y así fue que durante largo tiempo, la esclavitud continuó aunque oficialmente había llegado a su fin.

La guerra se terminó en abril de 1865. ¿Sabe cuándo se promulgó oficialmente la declaración de Lincoln? ¿Cuándo empezó finalmente el pueblo a abandonar sus vidas esclavizadas y dirigirse hacia la libertad? El 18 de diciembre de 1865, más de tres años después de que Lincoln comunicara su proclama. Lincoln llevaba meses de muerto.

La noticia se extendió por las calles de Washington bajando por el valle de Shenandoah de Virginia, cruzando las carreteras secundarias de las Carolinas y llegando hasta Georgia, luego Alabama, Mississippi, Luisiana, Texas y Arkansas, anunciando lo que había sido cierto desde hacía más de mil días. Incluso en ese momento de alguna manera no creían la noticia o bien no la cumplían. Esas personas oficialmente emancipadas, pensando que estaban condenadas a seguir viviendo en esclavitud, siguieron viviendo en esclavitud pese a que habían sido declaradas, hombres y mujeres, libres desde el otoño de 1862.

Ahora bien, si eso le parece espantoso, permítame contarle algo igualmente espantoso: los creyentes en Jesucristo aún viven esclavizados por el dominio de un poder que ya no tiene poder sobre ellos. Lo que nos ha librado es el gran Emancipador, Jesucristo, cuya muerte en la cruz nos libró de la ley del pecado y del temor a la muerte. Al igual que la Proclama de Emancipación, se dio a conocer al mundo entero: ¡Satanás está derrotado! ¡El pecado está vencido! ¡La muerte ya no tiene su aguijón!

Preste atención a nuestra Proclama de Emancipación, nuestra Declaración de Libertad: «Nuestra vieja naturaleza fue crucificada con él para que nuestro cuerpo pecaminoso perdiera su poder, de modo que ya no siguiéramos siendo esclavos del pecado» (Ro 6:6).

Dicho de manera sencilla, dicha libertad nos libró de la necesidad de pecar. A decir verdad, no es *necesario* que peque. ¿Sabe por qué peca? ¡Porque *desea* hacerlo! Eso no suena muy positivo, pero es la desagradable realidad. Cada vez que usted pecó la semana pasada, fue porque quiso hacerlo. Lo mismo ocurrió esta semana. No fue forzado a hacerlo. Ciertamente no fue la nueva naturaleza que obraba en su interior. Usted cedió a la vieja naturaleza a la que había estado esclavizado durante gran parte de su vida. Como cristiano que vive de esta manera, tiene la falsa impresión de que usted es como siempre fue y que las cosas son como siempre fueron: «Es que está esa parte de mí que no puedo evitar. Sencillamente reacciono de esa manera. Es que así soy».

Pero no es necesario que sea así. Así es como decide ser.

Piénselo de esta manera. Usted conduce por las montañas. Llega a una serie de curvas muy cerradas. Los funcionarios estatales que trabajan con las señales de tránsito tienen opciones. Pueden construir una clínica al pie de la curva de modo que cuando se despeñe por el precipicio y choque, puedan venir sin demora los vehículos de emergencia para ayudarlo. O pueden colocar carteles que le indiquen: «AVANCE LENTAMENTE, CAMINO SINUOSO».

El versículo favorito 1 Juan 1:9 es la clínica que está al pie de la colina. Es misericordia después del hecho. El Señor *es* fiel y nos perdona los pecados. Después de pecar, gracias a Dios que podemos recurrir a él y manifestarle: «Señor, hoy me equivoqué» o «Reaccioné de una manera inapropiada» o «Codicié», «Perdí los estribos», «La codicia se apoderó de mí, y le di lugar en ese momento teniendo plena conciencia de que lo que hacía estaba mal, pero lo hice igual. Eso es pecado y lo presento ante ti, te lo confieso». Esa es la clínica.

¡Sin embargo, hay una manera mejor! Usted puede leer la señal y reaccionar de manera diferente. No es necesario que tome la curva a gran velocidad; no hace falta que se caiga por el precipicio. Puede aminorar la marcha. Cuando se da cuenta de que se enfrenta a una tentación, puede ponerse firme y hacerle frente. No es necesario que se rinda a ella. Ese es el significado de Romanos 6 cuando dice que ya no debemos ser esclavos del pecado: «porque el que muere [en Cristo] queda liberado del pecado» (v. 7). No significa que quedamos libres de tal manera que nunca volveremos a pecar; significa que quedamos libres de su dominio.

Puedo llevar una vida que dependa de tal manera del Espíritu de Dios que la carne no se salga con la suya durante un período de tiempo prolongado. Ahora bien, nunca puedo vivir libre de ella porque la vieja naturaleza no fue erradicada. Pero gracias al poder de Dios puedo estar del lado de una victoria tal en mi vida que ande en un estilo de vida completamente nuevo.

LIBERADO DEL VIEJO YO

Cuando Cristo vino a vivir en nuestra vida en el momento de nuestra conversión, el Espíritu de Dios fijó morada. Ya hemos conversado sobre el hecho de que el Espíritu de Dios ahora vive en nosotros. Tenemos su poder. Ese es el poder del trino Dios que vive en nosotros. Cuando él fija residencia, quedamos libres del dominio de nuestro amo anterior. El Espíritu Santo viene para darnos una forma de vida completamente diferente… una vida que se desarrolla en un plano diferente. Se vive por encima de la culpa y la vergüenza, se vive por encima de los temores de la vida. Nos capacita para vivir como vencedores y no como víctimas.

La vieja naturaleza sigue estando presente, pero no tiene por qué escucharla y no es necesario que pase tiempo con ella. Por cierto no tiene por qué ceder a ella ni vivir bajo su control. Puede vivir por *encima* de ese nivel si de verdad comprende y acepta los beneficios de la gracia de Dios. De eso se trata Romanos 6:11: «Considérense muertos al pecado, pero vivos para Dios en Cristo Jesús».

¿Ve la palabra *considerar*? El vocablo original significa «calcular, tener en cuenta». Los hábitos que antes me derrotaban, me desanimaban y me privaban de autoridad en la vida, todos esos hábitos se fueron. Ya no ejercen control sobre mí. Tal como vimos antes, el versículo 12 constituye el mandato: «Por lo tanto, no permitan ustedes que el pecado reine», no permitan que se apodere de su mente, su cuerpo, su vida. Ya no obedezca sus provocaciones. Permaneció allí bastante tiempo, pero ya no tiene necesidad de vivir en ese lugar. La choza de esclavo donde antes vivía fue consumida por el fuego, dejándolo en libertad de alejarse y jamás regresar. Le ruego que me escuche: ¡*está libre*!

YA NO ES MI AMO

Hace poco me ocurrió algo fantástico en el aeropuerto de Dallas-Fort Worth. DFW es uno de los portales de reingreso por donde regresan nuestras tropas después de pelear en Iraq. La gente a menudo se junta para aplaudirles y levantar en alto sus carteles y banderines con mensajes de «Bienvenidos a casa». Los locutores de los noticieros vespertinos se apiñan en torno a las tropas con luces y cámaras. La gente aplaude. Las familias se abrazan. Niños sonrientes flamean banderas estadounidenses. Es una escena maravillosa.

Unos cuantos de nuestra iglesia y de otras iglesias se presentaron para agradecer a dichos hombres y mujeres; algunos de ellos aún tenían cicatrices físicas y emocionales de la guerra al descender del avión. Con toda nuestra atención fija en las tropas que regresaban, resultaba fácil pasar por alto un conjunto de reclutas novatos que estaban de pie en un lugar cercano, a punto de ir para el puesto de reclutamiento de la infantería de marina. Estaban a punto de empezar su vida como jóvenes infantes de marina. Supongo que el instructor los había llevado al aeropuerto para que contemplaran una de las pocas veces que serían aplaudidos. Quería que apreciaran una escena que más tarde vivirían en carne propia.

Les gritaba órdenes a diestra y siniestra. Fue maravilloso mantenerme en un segundo plano mientras observaba cómo se desarrollaba la escena. Reflexioné sobre mis días en la infantería de marina en el pasado, hace más de cincuenta años. Recordé el hostigamiento interminable. Este instructor hacía lo mismo.

Pasó cerca del lugar donde yo estaba parado y le saludé: «¿Cómo le va, sargento?».

Me respondió: «Bien, señor, gracias».

Fue la primera vez en la vida que un instructor me dijo «señor». ¡Qué momento fenomenal!

¿Por qué haría eso? Porque no soy su recluta. No estoy bajo su dominio. Ya no tiene autoridad sobre mí. Allá por el 1957 vivía a su merced… obedecía cada palabra, pero ya no. Puedo dirigirme a él como a cualquier otra persona.

Exactamente eso debo hacer con mi vieja naturaleza.

Escuche: usted ya pasó largo tiempo viviendo bajo el pensamiento dominante de que es una víctima impotente de sus instintos e impulsos pecaminosos, viviendo como si no pudiera decir no.

Cuando, en realidad, dentro suyo vive un poder que existe con el propósito de brindarle una forma de vida completamente nueva y de introducirle en un estilo de vida diferente. Es un estilo de vida orientado por la gracia.

Si se me concediera un deseo para el cuerpo de Cristo sería que viviéramos a la luz de la victoria que tenemos en Cristo, y que permitiéramos que el gozo de la gracia caracterizara nuestras vidas en lugar de que lo hicieran las exigencias de ceño fruncido de la ley.

La vieja naturaleza ya no puede salirse con la suya. Nuestra nueva naturaleza, la que es controlada por el Espíritu, nos allana el camino. Eso sucede cuando dejamos de ofrecer nuestros impulsos, nuestros instintos, nuestros pensamientos —aquello que está en lo recóndito de nuestro ser— al pecado como instrumentos de injusticia. Usted y yo ya no somos serviles esclavos. En cambio nos ofrecemos a Dios «como quienes han vuelto de la muerte a la vida», y a nuestros miembros «como instrumentos de justicia» para Dios. En otras palabras, en forma deliberada e intencional llevamos a la práctica a Romanos 6.

Podemos vivir la vida de una manera tan maravillosa que el pecado ocupe el asiento trasero. Es en ese momento que la gracia se revela y vivimos en la libertad que proporciona el Espíritu, con todas las bendiciones de libertad que la acompañan. Romanos 6:14 declara: «El pecado no tendrá dominio sobre ustedes, porque ya no están bajo la ley sino bajo la gracia». ¿Ve las opciones? El estar bajo la ley equivale a aceptar la obligación de conservarla y de vivir bajo su maldición, su condena, sus exigencias y sus requisitos fastidiosos. Ya no estamos allí. La ley ha realizado su mejor obra al traernos a la sumisión a Cristo. Pero el otro lado está «bajo la gracia».

Me agrada la manera en que la paráfrasis de J. B. Phillips interpreta el mismo versículo: «Como hombres [y mujeres] rescatados de una muerte segura, pónganse en las manos de Dios como instrumentos de bien para sus propios propósitos. Pues no se supone que el pecado sea el amo de ustedes».

Y *El Mensaje* dice así:

No deben otorgarle al pecado un voto en su manera de conducir su vida. No le den ni la hora. Ni siquiera hagan pequeños mandados que estén conectados con esa vieja manera de vivir. Vuélquense de lleno y a tiempo completo —¡recuerden que han sido levantados de entre los muertos!— a la manera de Dios de hacer las cosas. El pecado no puede decirles cómo deben vivir. Después de todo, ya no viven bajo esa tiranía. Viven en la libertad de Dios (vv. 12–14).

¿Está prestando atención a esto? Entonces abandone el hábito de obedecer a su antiguo instructor. Ya no está más a cargo de usted.

Ahora bien, si no conoce a Cristo, todo esto no pasa de ser simple información atractiva. Da la impresión de ser demasiado bueno para ser cierto. Pero es una verdad que se pierde por no conocer a Cristo. Trágicamente está rodeado de cristianos que viven como si no tuvieran a Cristo.

Usted y yo debemos entrenarnos a fin de cambiar nuestro modo de pensar. Es hora de trasladarnos de la choza en la que vivimos durante demasiado tiempo al mundo nuevo que Cristo nos diseñó a fin de que viviéramos en él por el poder de su Espíritu.

El problema del pecado

¿Por qué acampo aquí tanto tiempo? Porque los viejos hábitos son difíciles de romper. Somos adictos que intentamos ponerle coto a nuestro propio pecado. No tenemos la capacidad de hacer eso. Ahora es necesario que moremos en Aquel que hace eso por nosotros. Debemos aprender a descansar en él, depender de él, entregar nuestra vida cotidiana a él.

¿Me permite que personalice esto? No puede dejar de tener deseos lujuriosos por su propia cuenta. No puede dejar de codiciar por su propia cuenta. No puede ponerle fin a su propio mal genio. Pero Aquel que vive en usted tiene la capacidad de ponerle freno a todo eso y a mucho más. «¿Quién me librará de este cuerpo mortal?»

(Romanos 7:24). Salvo el Espíritu Santo, nadie más. En él encontramos un nuevo poder que nos capacita para hacer las cosas que nunca podemos realizar en nuestro interior.

Si no fuera por el poder del Espíritu de Dios que todo lo conquista, la Biblia entera terminaría con esas cinco palabras, que también se hallan en el versículo 24: «¡Soy un pobre miserable!» ¡Pero hay mucho más! Es magnífico saber que nuestro Dios vino a rescatarnos y que maravillosamente proveyó un poder que no tenemos en nosotros mismos.

LA PROVISIÓN DE DIOS PARA HOY

¿Ha empezado a sentirse desesperanzado en medio de su condición miserable? La buena nueva es que el Espíritu de Dios está a su disposición. ¡Ahora mismo! Me encanta la palabra «ya» en Romanos 8:1: «Por lo tanto, *ya* no hay ninguna condenación para los que están unidos a Cristo Jesús» (el énfasis es mío). La provisión de Dios para el creyente no está suspendida hasta cuando estemos en el cielo, es *ya*. Cuando el Espíritu de Dios toma el mando, nos desata y nos libera de la obra de la carne de tal modo que podemos disfrutar de la profundidad y la belleza de ese río que fluye sin restricción y que nunca se secará.

Cuando llevamos una vida llena del Espíritu, el Espíritu produce una mentalidad diferente en nosotros. «Los que viven conforme a la naturaleza pecaminosa fijan la mente en los deseos de tal naturaleza; en cambio, los que viven conforme al Espíritu fijan la mente en los deseos del Espíritu» (Romanos 8:5). ¡Qué diferencia se produce con esa nueva mentalidad! El Espíritu Santo que hace su obra en nosotros crea en nuestro interior un hambre de justicia, un interés en la verdad espiritual, una auténtica mentalidad espiritual.

Dicha mentalidad, que se describe en el versículo 6, ofrece una fuerza de vida y de paz interior: «La mentalidad pecaminosa es muerte, mientras que la mentalidad que proviene del Espíritu es vida y paz».

Hay una fuerza de vida. Hay una paz interior que proviene del

Espíritu. Junto con su presencia transformadora, su vida divina está en nosotros (vv. 9–10).

Se llama *justificación*. Hemos sido declarados justos. (¿No le parece grandioso?). No se vaya a dormir esta noche haciéndose problema por todas las cosas en su vida que echó a perder. Él lo perdona. Él lo ve como justo. Por causa de la justificación, somos considerados piadosos.

La vieja naturaleza sigue estando presente; todavía tenemos la alternativa de vivir según la carne, que es la naturaleza humana caída y egocéntrica y un yo dominado por el pecado que nos vuelve locos. Otra vez, considérelo de la siguiente manera: ¡el tercer miembro de la Trinidad vive en nosotros!

Cómo vivir libre

Al reflexionar sobre esta lucha constante entre el viejo hombre y el nuevo hombre en Cristo, agradezco a Dios por su alivio. ¡Cuán agradecido estoy por la brisa fresca que el Espíritu aporta a mi alma acalorada y estéril. El Espíritu me libera. Al pasar a otro día de andar con Cristo, levante el rostro hacia el cielo, y sienta la brisa refrescante. Piense repetidamente: «¡Soy libre!».

Haga memoria de tres verdades:

Primero: solo Dios puede aportar alivio a un alma así de miserable. Solo Dios puede acudir a rescatarlo tras crear semejante desorden. No puede afrontarlo usted solo. Su carne ansía expresarse y constantemente produce pecado. Aun cuando haya acudido a la cruz, aun cuando el Salvador viva en su corazón, en su vida, en su alma y espíritu, todavía existe la vieja naturaleza que ansía ser satisfecha. Cuando el Espíritu Santo ejerce el control, él lo ayuda a encontrar dicha satisfacción en Dios.

Segundo, aprenda a reconocer que una vida que se vive en la energía de la carne se centra en uno mismo.

Descubrirá que puede detectar el accionar de una mentalidad de pecado por la cantidad de experiencias que giran en torno a su persona: su comodidad, su deseo, sus planes, su importancia, su linaje, sus títulos, sus logros. Pablo dijo: «Llegué a un punto en mi vida en el que todo eso era para mí como aguas servidas. No tenía a qué aferrarme cuando comprendí que Dios quería ser el primero en mi vida». Una vida que se vive en la energía de la carne se centra en uno mismo, en «Todo tiene que ver conmigo». Esa actitud nos mantiene orgullosos y nos deja desdichados. Se vuelve a repetir la palabra «miserable».

Tercero, una vida que se vive con el Espíritu al mando nos conduce hacia la gracia.

La gracia nos mantiene humildes y nos libera. Sobrevolemos rápidamente Romanos 8 y veamos toda la gracia que nos pertenece en Cristo:

- *Vida y paz*: «La mentalidad pecaminosa es muerte, mientras que la mentalidad que proviene del Espíritu es vida y paz» (Romanos 8:6).

- *Ausencia de temor e intimidad con Dios*: «Y ustedes no recibieron un espíritu que de nuevo los esclavice al miedo, sino el Espíritu que los adopta como hijos y les permite clamar: «¡Abba! ¡Padre!» (Romanos 8:15).

- *Tranquilidad interior… disipación de dudas* : «Así mismo, en nuestra debilidad el Espíritu acude a ayudarnos. No sabemos qué pedir, pero el Espíritu mismo intercede por nosotros con gemidos que no pueden expresarse con palabras. Y Dios, que examina los corazones, sabe cuál es la intención del Espíritu, porque el Espíritu intercede por los creyentes conforme a la voluntad de Dios» (Romanos 8:26–27).

- *Conciencia interior de que «todas las cosas» obran para el bien y para la gloria de Dios*: «Ahora bien, sabemos que Dios dispone todas las cosas para el bien de quienes lo aman, los que han sido llamados de acuerdo con su propósito» (Romanos 8:28).

Concluyo el presente capítulo al recalcar el valor de la auténtica humildad en la vida del creyente. La humildad es esencial si tenemos la esperanza de recibir la gracia y la ayuda del Espíritu.

De la misma manera que tiene un Padre celestial, de la misma manera que tiene un magnífico Salvador, tiene el poder de la presencia misma de Dios que vive y obra dentro de usted. Es posible que se *sienta* atrapado por el pecado... pero la verdad triunfa sobre dicha sensación: «La ley del Espíritu de vida en Cristo Jesús me ha librado de la ley del pecado y de la muerte» (Romanos 8:2, RVR 1995).

El Espíritu hace por nosotros lo que no podemos hacer por cuenta propia. Es un intercambio magnífico, un cambio transformador que le brinda la fuerza que usted mismo no tiene. Él realiza a través de nosotros lo que no nos es posible lograr, ni siquiera con las mejores intenciones o las resoluciones más sinceras de Año Nuevo. No podemos hacerlo por cuenta propia, pero el Espíritu de Dios lo cumple *en* nosotros y *a través de* nosotros.

Permítaselo. Le ruego que le permita hacerse cargo. Cuando lo haga, descubrirá de primera mano lo que significa ser abrazado por el Espíritu.

¿Puede impulsarme hoy el Espíritu?

Hay veces que no sabemos cómo describir lo que ocurre en nuestro interior. Cuando nos sentimos perdidos y no podemos hallarle solución a cierto problema, luchamos y dudamos al atravesar gran inquietud. Batallamos al intentar decidir cómo lograremos sobrellevarlo o cómo lograremos tomar una decisión. Por un lado, parece bien hacerlo de esta manera… pero por otro lado, parece mal. Luego sucede algo que cambia todo. Algo ocurre en el plano invisible de nuestro espíritu que nos cambia. Ahora sentimos que es correcto ir en pos de esto. O tenemos la confianza de que esto está mal y no lo hacemos. Asombrosamente, miramos en retrospectiva dichos momentos, y nos sentimos agradecidos de que, al momento de la decisión, se optó por la alternativa correcta.

Hay otras ocasiones en que no podemos entender lo que nos enseñan las Escrituras. Lidiamos con un versículo o con un pasaje y no logramos captar de qué se trata. De modo que oramos y esperamos. También revisamos otros versículos y repasamos lo que se nos ha enseñado. Además, recurrimos a libros o hablamos con personas que respetamos. Aun así, nada parece revelarse. Luego, de la nada, se enciende la luz y lo entendemos. Lo *vemos*. Finalmente todo se aclara.

ón, diría que apareció la *intuición*. Senci-
bíamos o que no debíamos hacer algo. La
e el *entendimiento*. Recibimos entendi-
verdad con la que habíamos luchado du-
a tocado experimentar ambas situaciones,
ted también.

Me gustaría explorar un tercer fenómeno que se diferencia de la intuición y del entendimiento. Llamemos a estas experiencias «impulsos interiores no identificados», IINIS para abreviar. (A no confundirlos con OVNIS.) Los IINIS son esos pálpitos, esos momentos inquietantes que nos comunican: «No vayas allí» o «Cuidado… ¡Peligro!» o «Eso es muy riesgoso». O bien, «Esto es bueno… allí es donde debieras ir».

Esto no está incluido en nuestros cinco sentidos; ahora lidiamos con un campo subjetivo que es difícil de tratar. No obstante, dado que estamos considerando el obrar del Espíritu Santo, es necesario que tratemos la realidad de los IINIS. Salvo que me equivoque en mi suposición, usted los ha experimentado. Quizá ahora mismo esté a punto de tomar una decisión, y no sabe qué debe hacer. Ha orado, ha escudriñado las Escrituras, ha procurado consejo. En algún momento en el tiempo de Dios tendrá una revelación y sabrá lo que debe hacer. ¿Cómo sucede eso? ¿Por qué sucede eso? Exploremos este fascinante plano del obrar del Espíritu.

CREADOS PARA LA CONEXIÓN CON DIOS

En el primitivo relato de la creación se nos brinda una pista acerca de cómo se comunica Dios con nosotros. La culminación de la semana creativa es, por supuesto, la creación de la humanidad. Dios trae a Adán y a Eva a escena, creados «a la imagen de Dios» (Gn 1:26–27). Esto les da una característica singular. Las plantas no se hicieron a la imagen de Dios; tampoco los animales. Los espacios estelares no se le parecían… solo el hombre y la mujer.

Dios se comunica con su propio pueblo de una manera que no se comunica con los animales. Los animales tienen instinto; nosotros tenemos imagen. Tenemos una «cámara secreta» interior, dentro de nuestro ser; las Escrituras lo denominan nuestro «corazón». Es allí donde el Señor nos habla. Nos dirige con impulsos interiores. Él insta, mueve, convence, detiene, guarda, guía. Eso explica por qué Salomón escribió: «Con toda diligencia guarda tu corazón, porque de él brotan los manantiales de la vida» (Proverbios 4:23, *La Biblia de las Américas*). Nosotros diríamos «Guarda tu espíritu». Cuando Dios nos hizo, nos dio un cuerpo *además de* un alma y un espíritu que no son físicos.

Cualquiera que estudie el relato de la creación necesariamente hará una pausa aquí y permitirá que entre un poco de la maravilla. Es necesario que preguntemos y respondamos: ¿Qué es dicha «imagen de Dios»?

Sea lo que sea originalmente, para cuando llegamos a Génesis 5, dicha imagen ha cambiado. Si lo recuerda, entre Génesis 1 y Génesis 5 el pecado invadió y contaminó a la raza humana. Adán y Eva ya no eran inocentes; ahora eran pecadores y estaban alejados de Dios. ¡Incluso se escondieron de él! Cuando su familia apareció, la diferencia en la imagen de sus hijos era digna de mención. Génesis 5:3 dice: «Cuando Adán había vivido ciento treinta años, engendró un hijo *a su semejanza*» (*La Biblia de las Américas*, el énfasis es mío).

¿Nota la diferencia? La creación original del hombre y la mujer es a semejanza de Dios, pero cuando Adán y Eva tuvieron un hijo, fue a semejanza de Adán y de Eva. Algo importante había cambiado en cuanto a dicha imagen.

Un teólogo escribió: «El pecado dañó el ideal creado, pero dicho daño seguramente no fue completo. Por esta razón, uno pudiera decir que la imagen de Dios se desfiguró pero no se borró. Se empañó, mas no se destruyó». ¿Qué es lo que decimos? Solo esto: Originalmente, Adán fue creado a fin de tener esa sensación de conexión y de comunicación con Aquel que lo hizo. Eso se descompuso cuando el pecado entró en escena. Esa comunicación no se borró, se desfiguró. No se destruyó , se dañó. Lo mismo es cierto actualmente con nosotros. Vivimos con una imagen desfigurada y dañada. Sin embargo, a diferencia de los animales, podemos conectarnos con nuestro Dios en la persona interior de una manera que nunca podrán nuestras mascotas.

ENTENDIMIENTO PROVENIENTE DE LOS SALMOS

Salmo 139 (*La Biblia de las Américas*) rápidamente se va convirtiendo en mi salmo preferido. Al escribirlo, David estaba concentrado en la mano magnífica de Dios en su vida.

Versículo 1: «Tú me has escudriñado y conocido». ¿Existe intimidad mayor?

Versículo 2: «Tú conoces mi sentarme y mi levantarme; desde lejos comprendes mis pensamientos». En otras palabras, «Mucho antes de que lo piense, ya sabes que está ahí. Lo comprendes».

Versículo 3: «Tú escudriñas mi senda y mi descanso, y conoces bien todos mis caminos». Cuando nuestros hijos eran pequeños, les compramos un terrario para hormigas. Pasamos horas juntos observando a las hormigas mientras se desplazaban afanosamente dentro de su mundo de plástico transparente, de la manera que lo harían normalmente bajo tierra. Estudiamos su forma de crear senderos retorcidos en la tierra.

Ese es el pensamiento que me viene aquí. El Señor nos ve con la misma claridad… en realidad, quizá con mayor claridad. No solo ve nuestros senderos, conoce nuestros motivos. Conoce nuestras palabras antes de que las pronunciemos. Conoce nuestros pensamientos antes de que se nos ocurran. Así sucede con nuestro Creador.

Versículos 13–14: «Porque tú formaste mis entrañas; me hiciste en el seno de mi madre. Te alabaré, porque asombrosa y maravillosamente he sido hecho; maravillosas son tus obras, y mi alma lo sabe muy bien». Observe cómo la sonda del Espíritu de Dios nos impulsa hasta la vida misma del embrión, el feto, en el vientre de la madre embarazada. Al tomar conciencia de cómo nos formó Dios, hay una admiración tangible, una temerosa comprensión de que somos diferentes, nos distinguimos de la creación.

Ahora me arriesgaré a hacer una declaración que sin duda polarizará las opiniones. Al leer esto, quizá se muestre escéptico o es muy posible que se sienta aliviado de que por fin alguien concuerda con usted. Aquí va: Yo creo que hay ocasiones en las que la única manera en que Dios puede comunicarse con nosotros, ya sea mediante convicción o seguridad o dirección o confirmación o aliento, es por medio de impulsos interiores no identificados (IINIS). Dejemos de denominarlos «coincidencias», «pálpitos» y «sensaciones». Es necesario que los identifiquemos como la obra del Espíritu.

En la cueva con un profeta victorioso y derrotado

El profeta hebreo Elías tuvo un IINI después de uno de los eventos más espectaculares de su vida. Si lo recuerda en 1 Reyes 18, Elías se enfrentó mano a mano con el rey Acab y su malvada esposa, Jezabel. Acab se atrevió a oponerse al Dios viviente, de modo que Elías convocó a un enfrentamiento en el monte Carmelo entre el Dios de Israel y la totalidad de los cuatrocientos cincuenta profetas de Acab. Fue uno de los enfrentamientos más espectaculares de la historia.

Como es de esperarse, los sacerdotes paganos estaban equivocados, Elías tenía razón, y todos los profetas de Baal fueron borrados de la escena. Esto indignó a Jezabel. Ella hizo llegar a Elías una dramática amenaza: «Así me hagan los dioses y aun me añadan, si mañana a estas horas yo no he puesto tu vida como la vida de uno de ellos» (1Reyes 19:2). ¡Solo la Biblia lo expresaría de ese modo! Nosotros diríamos: «Elías, estás acabado. Mañana a estas horas serás cosa del pasado».

En un momento de debilidad, quizá exhausto por el enfrentamiento en Carmelo, quizá cansado por causa de la sequía que había barrido la tierra, y totalmente agotado por causa de la lucha contra los falsos profetas y las fuerzas demoníacas, Elías se desmoronó y se fugó para salvar la vida. Viajó alejándose lo más posible de Jezabel. Acabó en el desierto de Judea, solo en una cueva, pidiéndole a Dios que le quitara la vida.

¿Alguna vez estuvo allí? Probablemente le sorprendería hoy saber cuántas personas que usted conoce que responderían que sí. Elías pensaba de manera enloquecida y, sin duda, no se trataban de pensamientos bíblicos. «¡No tengo razón de vivir! *Todo* se acabó». Estaba en una cueva. Finalmente el Señor le preguntó: «¿Qué haces aquí, Elías?» (1Reyes 19:9).

Buena pregunta, Elías. Con su tierna misericordia para con el profeta deprimido, Dios fue particularmente bondadoso al proporcionarle un dramático despliegue de comunicación. Dios le dijo a Elías que fuera y se pusiera en el monte.

> Y he aquí que el SEÑOR pasaba. Y un grande y poderoso viento destrozaba los montes y quebraba las peñas delante del SEÑOR; pero el SEÑOR no estaba en el viento. Después del viento, un terremoto; pero el SEÑOR no estaba en el terremoto. Después del terremoto, un fuego; pero el SEÑOR no estaba en el fuego. Y después del fuego, el susurro de una brisa apacible (1Reyes 19:11–12).

Si usted lee de la versión King James de la Biblia en inglés esa última frase se interpreta como: «una voz suave y pequeña». Sin embargo, la «voz» no se menciona en el texto hebreo original. Debiera en cambio traducirse como «un suave susurro».

¿Sabe cómo lo denomino yo? Un impulso interior no identificado. Dios se comunicó con el espíritu de Elías, y lo tocó de un modo que no habría sido captado de ninguna manera en el mundo sensorial. Terremoto, viento, fuego… nada de eso lo conmovió, pero allí, en ese suave susurro, Dios se le reveló a Elías. A consecuencia de ello, Elías se envolvió en su manto y caminó *hacia* Dios en lugar de *alejarse* de él. Es un momento tierno. Dios proporcionó alivio para este golpeado y agotado profeta en la forma de descanso, alimento, y un compañero en el ministerio hasta que Elías años después fue llevado de la tierra.

Si hay algo que me turba en lo que respecta a nuestra cultura y a nuestra época, es el ruido y el ritmo de todo. Esas cosas impiden que la voz de Dios nos hable suavemente a fin de alcanzarnos. Les advierto que se cuiden de estar tan afanosos que se pierdan su voz. Den un paso hacia atrás. Tómense el tiempo necesario para escuchar. La voz de Dios puede estar en el terremoto o en el fuego. Allí hay mensajes. Pero a menudo, sus impulsos interiores se presentarán en el estanque profundo de nuestro espíritu, pues él dice sencillamente, «Sí, ve allí» o «Espera» o «No. Mantente alejado de eso». Aminore la marcha. Deje enfriar los motores. Tómese el tiempo necesario para escuchar.

¡PROBLEMAS A LA VISTA!

En su última etapa de la vida, el apóstol Pablo supo que se avecinaban problemas. En cierta ocasión, dijo: «Y ahora, he aquí que yo, atado en espíritu, voy a Jerusalén sin saber lo que allá me sucederá, *salvo que el Espíritu Santo solemnemente me da testimonio* en cada ciudad, diciendo que me esperan cadenas y aflicciones» (Hechos 20:22–23, LBA, el énfasis es mío).

A mí me parece que es una declaración muy significativa. En efecto, ¡fue un IINI! «He estado con el Señor, buscando su guía, y él me dijo: "irás a Jerusalén, Pablo". Pero también he tenido esa sensación interior, esa voz susurrante del Espíritu que me comunicaba: "Atención, hay problemas a la vista"». Por cierto que los hubo. Pablo fue arrestado más de una vez y enviado a Roma donde finalmente fue encarcelado, tuvo una audiencia ante Nerón, y en última instancia fue degollado. Pero todos los problemas se iniciaron en Jerusalén, tal como se lo había hecho saber el Espíritu.

Pero observe la respuesta audaz de Pablo: «Pero en ninguna manera estimo mi vida como valiosa para mí mismo» (Hechos 20:24, LBA). O sea, «No me turba saber que se avecinan problemas. Mi meta es «poder terminar mi carrera y el ministerio que recibí del Señor Jesús, para dar testimonio solemnemente del evangelio de la gracia de Dios» (v. 24).

¿Acaso nunca se preguntó cómo los creyentes perseguidos, no solo en el primer siglo sino también en el siglo veintiuno, han podido soportar el sufrimiento? ¿Cómo lo soportan? Ahora lo sabemos. El Espíritu de Dios no solo les brinda conciencia del peligro, sino también la confianza de poder sobrellevarlo. Eso explica cómo algunos de los Reformadores fueron quemados en la hoguera y, mientras ardían, pudieron ofrecer su oración a Dios pidiendo que Dios perdonara a los que les quitaban la vida.

Ese valor y esa presencia de ánimo proviene de ese impulso interior del Espíritu que dice: «Va a ser espantoso para ti, pero te daré la fuerza necesaria para soportarlo». La gloriosa realidad es que Dios no ha terminado de dar a su pueblo esa clase de fortaleza en tiempos difíciles. Yo lo he experimentado, especialmente en los últimos tres años de mi vida. A veces no sabía cómo podría seguir adelante. La mayoría de las personas no sabían nada al respecto, salvo mi esposa y mi familia. Durante esos momentos tuve que depender de la presencia tranquilizadora del Espíritu de Dios para sobrellevarlo.

Algunos de ustedes están allí en este momento. Saben por anticipado que si aceptan la travesía que tienen por delante, habrá problemas. Pero el «susurro suave» del Señor manifiesta: «Yo estoy contigo. Te daré la fuerza necesaria». Tales IINIS pueden resultar maravillosamente tranquilizadores.

IINIS EN UNA GRAN TEMPESTAD

Si le encanta el mar y le gusta navegar, debería leer Hechos 27. Se trata de otro ejemplo de la obra del Espíritu de Dios, aun cuando hay peligro cercano. Pablo estaba en un barco con más de doscientas personas cuando el prototipo de tempestad perfecta cubrió el Mediterráneo. El Espíritu Santo tranquilizó a Pablo comunicándole que naufragarían, pero que nadie perdería la vida.

Pablo se dirigió a sus compañeros de travesía y a los avezados marineros: «Señores, veo [IINI en curso] que nuestro viaje va a ser desastroso y que va a causar mucho perjuicio» (v. 10). Finalmente, hubo un naufragio, pero todos fueron rescatados porque los marineros hicieron caso a la advertencia de Pablo. Todos se mojaron, pero todos quedaron a salvo.

La buena noticia en tiempos de peligro potencial o presente es que el Espíritu de Dios puede proporcionar paz. A decir verdad, Pablo tenía tal paz que se sentó a comer con los marineros antes del naufragio. (¡Imagínese!). Los animó: «Los exhorto a cobrar ánimo, porque ninguno de ustedes perderá la vida; sólo se perderá el barco» (v. 22).

¿Cómo lo sabía? Otro ejemplo de impulsos interiores proporcionados por el Espíritu.

Impulsos en oración

Una más de la vida de Pablo.

Pablo llevó una vida bastante extraordinaria una vez que Dios lo asió en el camino a Damasco. A consecuencia pudo haberse enorgullecido bastante y haberse inflado. Pero el Señor en su misericordia no permitió que eso sucediera. Le dio a Pablo una espina en la carne. Hay todo tipo de conjeturas en cuanto a lo que era dicha «espina»; sin embargo, esto sabemos con certeza: se trataba de algo físico, era doloroso, y tenía el propósito de mantenerlo humilde. Pablo lo describió: «Acerca de esto, tres veces he rogado al Señor para que lo quitara de mí» (2Corintios 12:8, LBA).

¿Le suena conocido? Ha orado acerca de una situación, pero no pasa nada. De modo que vuelve a orar y todavía no pasa nada. Y ora con mayor intensidad y no pasa nada. Todos hemos estado en esa posición. En este caso, Dios le respondió a Pablo diciendo: «No. No voy a quitar la espina. Vas a vivir con ella». En algún momento mientras procesaba esa noticia difícil, Pablo recibió un IINI, un impulso interior no identificado que le manifestaba: «[Dios] me ha dicho: "Te basta mi gracia, pues mi poder se perfecciona en la debilidad"» (v. 9).

¿La respuesta de Pablo? «Por tanto, muy gustosamente me gloriaré más bien en mis debilidades, para que el poder de Cristo more en mí. Por eso me complazco en las debilidades» (vv. 9–10). (¡Qué excelente actitud!).

En nuestros años de andar con el Señor, la mayoría de nosotros hemos aprendido que él bendice los momentos de nuestra gran debilidad con gran favor. Si alguna vez ha cumplido su voluntad y su obra de manera débil, es posible que también haya visto cómo él lo capacitaba a usted y bendecía la obra.

El Señor ha usado sermones que he predicado en momentos en los que lidiaba con algo de manera tan severa que casi no podía empujar las palabras de modo que salieran de mi garganta. Luego me he enterado que dichos sermones ministraban a las personas de un modo distinto de cualquier otro que hubiera predicado. No lo puedo explicar, salvo que la misericordia de Dios se posa sobre nosotros en nuestra debilidad.

El doctor Richard Halverson dejó su pastorado de muchos años en la Fourth Presbyterian Church [Cuarta Iglesia Presbiteriana] de Bethesda, Maryland, a fin de aceptar el cargo de capellán del Senado. De repente se sintió inepto. En sus palabras: «Me sentía como un cero a la izquierda en medio del Congreso. Me sentía como una mascota de uno de los organismos políticos más poderosos del mundo. Me pregunté qué hacía allí.»

Esa tarde, leyó las palabras de Jesús: «Toda autoridad me ha sido dada en el cielo y en la tierra… y he aquí, yo estoy [contigo] todos los días, hasta el fin del mundo» (Mateo 28:18, 20, LBA). Halverson dijo: «Al meditar en esas palabras, comprendí que soy una prenda que Jesucristo se pone todos los días para realizar lo que desea hacer en el Senado de los Estados Unidos. No necesito poder; mi debilidad es una ventaja. Si Cristo está en mí, ¿qué más me hace falta?».[1]

Si usted siente que no tiene grandes dones o que no ha sido usado de una manera grandiosa, aquí hay esperanza para todos nosotros. ¿Ha experimentado debilidad? Las Escrituras son verdad cuando dicen que hay gran contentamiento en la debilidad al saber que «cuando soy débil, entonces soy fuerte» (2Corintios 12:10).

¿Cómo puede estar seguro de eso? El impulso interior del Espíritu dice: «Está bien que seas débil. Está bien si estás perdiendo la voz y eres el solista del día. Está bien si sientes que no tienes la preparación que debieras tener. Está bien. En tu debilidad, Dios suplirá lo que falta».

Por cierto, deseo levantar una bandera de cautela aquí en circunstancias específicas:

- Cuando no está seguro de que el IINI es del Espíritu... dé la media vuelta.
- Si percibe que esto contradice la Palabra escrita de Dios... aléjese.
- Si percibe que esto quizá no venga del Espíritu... no se meta en el asunto.
- Si piensa que pudiera haber alguna influencia demoníaca en el asunto... resista con firmeza, o bien huya.

Todos esos son impulsos que no deben seguirse. Sin embargo, la otra cara de la moneda es que cuando tiene confianza de que proviene del Señor... ¡debe avanzar!

Permítame añadir una cosa más: prepárese para una sorpresa. Corrección, ¡prepárese para *muchas* sorpresas!

Si de alguna manera siente que su temporada de ser fructífero ha llegado a su fin, anímese con la historia verídica de Charles McCoy. Charles era un predicador bautista que pastoreaba una iglesia en Oyster Bay, Nueva York. A la edad de setenta y dos años, su denominación le exigió que se jubilara. Había sido soltero toda la vida, y había cuidado de su madre mientras ella estuvo con vida. En su tiempo libre, había obtenido siete títulos universitarios, incluyendo dos doctorados, uno de Dartmouth y el otro de Columbia. Al ser obligado a jubilarse del ministerio, empezó a caer en una profunda depresión.

> No hacía más que permanecer en cama pensando que la vida se me había terminado. En realidad todavía no hice nada. He sido pastor de esta iglesia durante muchísimos años, y la verdad es que nadie me quiere mucho... ¿qué hice para Cristo? Pasé mucho tiempo dedicándome a obtener títulos, pero ¿qué valor tiene eso? No he ganado a muchos para el Señor.

Una semana después conoció a un pastor cristiano de India, y por impulso (IINI), el doctor McCoy le pidió que predicara en su iglesia. Después de la reunión, el hermano de India le pidió con toda naturalidad que le devolviera el favor (IINI). Como él había predicado en lugar de McCoy, ¿podría venir McCoy a India y predicar en su lugar? McCoy le contó que le estaban pidiendo que se jubilara y se mudara a un hogar de ancianos en Florida, pero el pastor indio insistió, informando a McCoy que en el lugar de donde provenía, la gente respetaba a un hombre de pelo blanco. ¿Podría él venir?

McCoy lo pensó y oró al respecto y finalmente decidió (IINI) que lo haría. Los miembros de su iglesia estaban horrorizados. Se hicieron predicciones funestas. El joven presidente de la junta de diáconos resumió la actitud de la congregación al preguntarle: «¿Y si muere en la India?».

Me encanta la respuesta de McCoy. Les dijo que calculaba que «el cielo queda a la misma distancia de ese lugar que de este». Vendió la mayoría de sus pertenencias, puso lo que le quedaba en un gran baúl, y reservó un pasaje de ida a India… el primer viaje en la vida que había hecho saliendo de los Estados Unidos.

Al llegar a Bombay, descubrió horrorizado que su baúl se había perdido, y nunca se encontró. Lo único que tenía era la ropa que llevaba puesta, su billetera, su pasaporte, y la dirección de misioneros en Bombay que él había recortado de una revista de misioneros antes de partir. Pidió instrucciones, se subió a un tranvía y se dirigió a la casa de ellos. Al llegar, descubrió que estando en el tranvía, le habían robado la billetera y el pasaporte.

Se presentó ante los misioneros, quienes lo recibieron, pero le dijeron que el hombre que lo había invitado a India seguía estando en los Estados Unidos, y que probablemente permanecería allí indefinidamente.

¿Y ahora qué haría? Imperturbable, McCoy les dijo que había venido a predicar y que sentía (¡IINI!) que trataría de conseguir un turno con el alcalde de Bombay. Ellos le advirtieron que el alcalde estaba muy ocupado con cuestiones ultra importantes. En todos los años que llevaban de misioneros en ese lugar nunca habían logrado que les concediera audiencia, ni siquiera una vez. No obstante, McCoy se dirigió al despacho del alcalde.

El día siguiente, lo invitaron a pasar. Cuando el alcalde vio la tarjeta personal de McCoy que enumeraba todos sus títulos, razonó que McCoy no solo sería un pastor cristiano, sino que debía ser alguien aun más importante. No solo consiguió una cita, sino que el alcalde programó un té en su honor al que asistieron todos los altos funcionarios de Bombay. El viejo y querido doctor McCoy pudo predicarles a esos líderes durante media hora. Entre ellos había un director del equivalente a West Point de India, La Academia de Defensa Nacional en Poona. Quedó tan impresionado el escuchar lo que decía McCoy que lo invitó a la academia a predicarles a los estudiantes.

Así se lanzó, a la edad de setenta y dos años, un nuevo ministerio de dieciséis años para el doctor Charles McCoy. Hasta su muerte a la edad de ochenta y ocho años, este hombre intrépido viajó alrededor del globo predicando el evangelio. Hoy hay una iglesia en Calcuta por causa de su predicación y una banda floreciente de cristianos en Hong Kong por causa de su fiel ministerio. Lo interesante es que nunca tuvo más dinero del que le hacía falta para llegar al sitio siguiente donde debía ir. Murió una tarde en un hotel en Calcuta, cuando descansaba para una reunión en la que predicaría esa noche. Por cierto estaba tan cerca del cielo en ese lugar como lo hubiera estado en su iglesia en Oyster Bay o en algún hogar de ancianos en Florida.[2]

Me *encanta* ese relato. No porque tenga planes de jubilarme, sino porque Dios tiene una forma de obrar y de moverse si tan solo prestamos atención y obedecemos sus impulsos, que a veces se presentan en ese susurro suave y quedo, y a veces en la cubierta de un barco en alta mar, y a veces cuando las personas que lo rodean dicen: «De ninguna manera debes ir allí», y en ocasiones cuando siente gran debilidad e ineptitud. Pese a todas estas contras, él piensa usarlo de una manera increíble. Esa es la historia de nuestra vida, ¿no es cierto?

¿Tiene usted conciencia de que ese impulso interior que obra en su vida es la voz de Dios? Es la forma que tiene Dios de decir: «Presta atención, te estoy hablando». Deje de ocultarse tras el hecho de que es débil, o que otros dicen que es imposible, o que siente que está en peligro, o que no está en un fuego o en un terremoto o en un viento huracanado sino en un susurro suave. Silencie su corazón de tal modo que pueda escuchar lo que él le dice. Deje de cerrar puertas que él abre o de intentar abrir de un empujón puertas que él cerró. Pídale al Señor que le confirme cuándo sus impulsos interiores no identificados son confiables y son obra de su Espíritu. Permita que el Espíritu lo envuelva en su abrazo seguro y le diga algo que él tiene intención de que usted escuche.

Esté quieto y sepa nuevamente que él es Dios. Esté quieto.

¿Sana el Espíritu en la actualidad?

El nuestro es un mundo de enorme dolor y sufrimiento.

Todos nosotros conocemos a alguien que está soportando un tiempo intensamente difícil de trauma físico o emocional… o ambos. *¿Acaso es usted?*

Conocemos a personas sinceras de fe que han orado por sanidad en su vida… y aun así sufren. Claman a Dios pero los cielos parecen ser de bronce. Solo silencio… y el dolor y el sufrimiento continúan.

Luego, como metiéndoles el dedo en la llaga, se enteran de alguien que declara haber recibido sanidad instantánea. Escuchan historias sorprendentes de milagros: alguien asistió a una reunión donde una persona con «poderes» especiales los tocó o simplemente les habló y *¡puf!*… el Espíritu los sanó de su aflicción.

¿Por qué algunos reciben sanidad, mientras que muchos otros —a decir verdad, la mayoría— no la reciben? ¿Por qué algunos pueden mirar en retrospectiva y declarar un milagro mientras que otros deben soportar años atroces de dolor agobiante?

Algunos simplemente le restarían importancia diciendo: «Algunos tienen fe, otros no». No vamos a hacer eso. Creemos en el Dios viviente tanto como los que declaran haber recibido sanidad.

Ciertamente respetamos a su Hijo y defendemos la obra del Espíritu con igual sinceridad y con pasión. No obstante, nos preguntamos cómo algunos pueden quedar aliviados de su aflicción casi de un día para otro, mientras que la mayoría debe vivir con dolor a lo largo de años prolongados de su vida. Conozco a personas ahora mismo en nuestra iglesia, incluso personas en mi propia familia, que esperan que Dios les toque la vida y les devuelva el estado de salud que antes tenían. También conozco a otros que estaban tan enfermos que tocaban a la puerta de la muerte; sin embargo, apenas unos días o semanas más tarde experimentaron sanidad y alivio. Todo esto crea un dilema en nuestro interior. Al necesitar hallar respuestas a cosas que no tienen sentido, nos sentimos impulsados a realizar un estudio serio de esto a través de las Escrituras.

«¿Escuchó acerca de las cuatro leyes espirituales?».

Esa pregunta, que se halla en un pequeño libro, ha sido formulada y respondida miles —quizá millones— de veces durante nuestra generación. Dichas «leyes» han sido usadas por Dios a fin de presentar su plan de amor y perdón a un sinnúmero de personas que no tenían idea de cómo tener una relación significativa con él.

Tengo una pregunta similar. Tiene el propósito de presentar algunos hechos fundamentales a los que están confundidos por la circunstancia dolorosa que soportan… y de mostrar cómo todo el asunto de la sanidad se aplica a ellos.

¿Escuchó acerca de las cinco leyes del sufrimiento?

Esa pregunta no aparece en ningún librito… ¡pero debiera! Dichas «leyes» tendrán más éxito en ayudar a los que sufren y borrar la duda y la confusión que quizá cualquier otra cosa que pudiera leer. Las cinco tienen una firme base en las Escrituras. Son acumulativas, de modo que preste atención.

Ley uno: Hay dos clasificaciones del pecado.
1. *Pecado original*: la naturaleza pecaminosa heredada que se remonta a Adán, «cabeza» original de la raza humana. Desde la caída del hom-

bre en Génesis 3, ha sido imposible nacer en este mundo sin pecado. Obtenemos dicha cualidad pecaminosa de nuestros padres, quienes la obtuvieron de sus padres, quienes la obtuvieron de los suyos… remontándose hasta los padres originales de todos: Adán y Eva. Cuando Adán pecó, su acto de desobediencia contaminó la corriente de la humanidad, así como las aguas servidas sin depurar contaminan un río. Romanos 5:12 dice así: «Por medio de un solo hombre el pecado entró en el mundo, y por medio del pecado entró la muerte; fue así como la muerte pasó a toda la humanidad, porque todos pecaron».

Adán y Eva desobedecieron, y las consecuencias fueron trágicas. Sufrimiento, enfermedad y muerte fueron introducidos en la raza humana, todos ellos derivados del pecado. Si no hubiera existido jamás el pecado, nunca habría existido el sufrimiento ni la enfermedad ni la muerte. Léase una vez más el edicto inspirado: «fue así como la muerte pasó a toda la humanidad, porque todos pecaron». Ese es el pecado original.

2. *Pecado personal*: actos individuales de maldad que cometemos con regularidad. Dado que todos hemos heredado una naturaleza pecaminosa (la raíz), cometemos pecados (el fruto). Dado que todos los humanos llevan dentro dicha naturaleza adánica, cometemos pecados personales. En lugar de obedecer, desobedecemos. En lugar de optar por andar con Dios, nos resistimos a él, huimos de él, incluso luchamos contra él. «Pues todos han pecado y están privados de la gloria de Dios» (Romanos 3:23).

Todos somos pecadores de nacimiento (pecado original), y por lo tanto pasamos a ser pecadores por decisión propia (pecado personal). Al obrar de manera desobediente, llevamos el fruto de nuestra raíz adánica. Dado que el engaño y la desobediencia yacen en nuestra naturaleza, nos rebelamos. Dado que la anarquía yace en nuestro núcleo más íntimo, la llevamos a la práctica en nuestra vida. Usted la lleva a la práctica de manera diferente que yo; sin embargo, ambos somos pecadores… por naturaleza y por obra.

Ahora bien, he aquí cómo se relaciona esto con la enfermedad…

Ley dos: El pecado original introdujo el sufrimiento, la enfermedad y la muerte a la raza humana (Romanos 5:12b).

Si nunca se hubiera presentado el pecado original en el Jardín del Edén, la humanidad nunca habría conocido la enfermedad ni la muerte. En el sentido más amplio de la palabra, todas las enfermedades y sufrimientos en la actualidad ocurren a consecuencia del pecado original. Textualmente, el Señor le dijo a Adán: «El día que de él comas, *ciertamente morirás*» (Génesis 2:17, el énfasis es mío).

Nadie es inmune al pecado y a sus consecuencias. Por bella y preciosa que sea su pequeña hija, su hijo, o su nieto, dicho niño nació con una naturaleza pecaminosa. Y dicha naturaleza no solo incita a la desobediencia, sino que es la fuente de la enfermedad, el sufrimiento y, en última instancia, la muerte. Dichas cosas forman parte de la «precipitación» de la naturaleza adánica. Imagínelas como entretejidas en el tapiz de la humanidad.

Ley tres: A veces hay una relación directa entre los pecados personales y la enfermedad.

David dio testimonio de ello en los salmos 32:3–5 y 38:3–5. Pablo advirtió que algunos de los creyentes de Corinto estaban «débiles y enfermos» y varios habían muerto (1 Corintios 11:27–30) porque estaban pecando.

A veces la desobediencia y los actos rebeldes se vinculan directamente con alguna enfermedad del cuerpo.

Entre los ejemplos más notorios en las Escrituras se destaca el rey David después de su amorío con Betsabé. A consecuencia de su conducta pecaminosa, David sufrió graves consecuencias físicas y emocionales. La lucha por la que atravesó mientras ocultaba su adulterio (el homicidio del esposo de Betsabé inclusive) y el vivir como hipócrita rebelde condujeron a un crescendo tal de turbulencia interior que David se enfermó físicamente. Después de que Natán confrontara a David y que el rey reconociera su propio pecado, compuso una canción conmemorativa… su propio testimonio doloroso de dichos meses de desdicha:

Mientras guardé silencio,
    mis huesos se fueron consumiendo
por mi gemir de todo el día.
    Mi fuerza se fue debilitando
como al calor del verano,
    porque día y noche tu mano pesaba sobre mí (Salmo 32:3–4).

David sufrió intensamente porque desobedeció a Dios, pero se negó a hacer frente a su pecado. La culpa lo carcomió hasta que se volvió tan intolerable que textualmente gemía mientras que físicamente se consumía. Perdió el apetito. Sufrió de insomnio. No podía pensar con claridad ni dirigir con decisión. Perdió la energía. Padecía de una fiebre que no se le disipaba.

Imagine una vida así. Si alguna vez estuvo en dicha situación, no le hace falta que se la describa. Si bien es posible que no hayan llegado a semejantes proporciones, la mayoría de nosotros experimentamos períodos dolorosos en nuestra vida en los que no enfrentamos ni confesamos nuestros pecados personales. Nuestro malestar no se fue hasta que enfrentamos nuestro pecado y lidiamos con nuestra desobediencia. Eso mismo le sucedió a David:

Pero te confesé mi pecado,
    y no te oculté mi maldad.
Me dije: «Voy a confesar mis transgresiones al Señor»,
    y tú perdonaste mi maldad y mi pecado (Salmo 32:5).

¿Qué fue lo que lo enfermó? La culpa. ¿Qué fue lo que lo debilitó? La culpa. ¿Qué fue lo que le quitó la alegría, la sonrisa, su capacidad de pensar, su habilidad como líder? La culpa. Había una relación directa entre los pecados personales de David y la enfermedad física y emocional que impactó su vida.

Otro ejemplo sería un asunto de disciplina que Pablo comunicó en una de sus cartas a los Corintios cuando corrige la conducta inapropiada de ellos al celebrar la Cena del Señor. Algunos, increíblemente, la usaban como ocasión para glotonería y borrachera. Las palabras de reprensión del apóstol Pablo son poderosas: «Por eso hay entre ustedes muchos débiles y enfermos, e incluso varios han muerto» (1 Corintios 11:30).

En otras palabras, su pecado había resultado en debilidad y enfermedad… ¡e incluso en muerte!

Ahora bien, recuerde, en tales casos, la confesión de pecado inicia el proceso de sanidad. La recuperación no suele ser instantánea, aunque a veces sí lo es. Sin embargo, por lo general el sufrimiento empieza a disminuir en intensidad a medida que la persona experimenta alivio de la culpa.

Ley cuatro: A veces no hay relación entre los pecados personales y la enfermedad.

Algunos nacen con aflicciones, y sufren antes de llegar a la edad de cometer pecados (Juan 9:1–3; Hechos 3:1–2). Otros, como Job, llevan vidas rectas cuando ocurre el sufrimiento (Job 1:1–5). Jesús mismo se compadece de nuestras debilidades (Hebreos 4:15) en lugar de reprendernos porque hemos pecado. Recuerde que «aunque era Hijo, mediante el sufrimiento aprendió a obedecer» (Hebreos 5:8). Jesús nunca cometió pecado, sin embargo sufrió.

Este es un buen momento para que extienda una compasiva advertencia. Usted no fue llamado para ser mensajero de Dios a todos los enfermos, diciéndoles «Seguramente habrá algo equivocado en tu vida». De vez en cuando es posible que sea el Natán designado en la vida de algún David. Quizá sea el escogido para decir: «Tú eres ese hombre» o «Tú eres esa mujer». Pero rara vez tenemos el derecho de decir eso. En muchos casos el sufrimiento o la enfermedad no se produce a consecuencia de pecado personal.

Un ejemplo clásico de esto sería el hombre en el Evangelio de Juan que nació ciego. Su ceguera congénita no guardaba relación alguna con pecados personales, ya sea de él o de sus padres. En Juan 9:1–3 leemos que cuando Jesús y sus discípulos caminaban por las calles, vieron un hombre que era ciego de nacimiento. Sus discípulos preguntaron: «Para que este hombre haya nacido ciego, ¿quién pecó, él o sus padres?». Jesús respondió: «Ni él pecó, ni sus padres… sino que esto sucedió para que la obra de Dios se hiciera evidente en su vida».

Jesús declaró con claridad que la aflicción física del hombre no tenía nada que ver con pecados personales.

Hebreos 4:14–15 también se hace patente: «Por lo tanto, ya que en Jesús, el Hijo de Dios, tenemos un gran sumo sacerdote que ha atravesado los cielos, aferrémonos a la fe que profesamos. Porque no tenemos un sumo sacerdote incapaz de compadecerse de nuestras debilidades, sino uno que ha sido tentado en todo de la misma manera que nosotros, aunque sin pecado».

Si nuestras debilidades siempre se produjeran a consecuencia del pecado, el escritor diría: «Confiesa tus pecados y serás sanado». Empero, aquí manifestó: «Al ver que lidiamos con debilidades, nuestro Señor se conmueve ante nuestra aflicción. Se conmueve ante nuestras luchas». No dijo: «Trata con el pecado en tu vida y te recuperarás». Por el contrario, su corazón se conmueve al observar su dolor. Sufre junto con usted durante el tiempo que le dura su depresión. Se sienta a su lado en el cuarto de hospital mientras lidia con las consecuencias de una temida malignidad… Él lo acompaña mientras atraviesa la quimioterapia. Se siente conmovido al compadecerse por usted en su debilidad.

¿Por qué? Porque en dichas ocasiones, no existe una relación directa entre pecados personales y enfermedad.

He sabido de personas que han estado gravemente enfermas, y han escudriñado su corazón procurando encontrar el pecado que provocó su aflicción. Confiesan, suplican y ruegan pidiendo perdón. No obstante, su enfermedad no se va. Lenta y dolorosamente se consumen, preguntándose qué será lo que hicieron que produjo su enfermedad… siendo que, en realidad, su condición no guarda relación alguna con el pecado personal.

Ley cinco: No es la voluntad de Dios que todos se sanen.
Los que creen que invariablemente lo *es* apoyan sus convicciones

con las palabras de Isaías 53:5b: «Gracias a sus heridas fuimos sanados». «Hay sanidad en la expiación de Cristo», exclaman. ¡Claro que sí! Pero el contexto se refiere a la provisión inestimable de Cristo para las necesidades interiores, espirituales del hombre. Gracias a sus heridas fuimos sanados *espiritualmente*. Por eso fue herido y magullado. Por eso murió… no para sanar a los enfermos sino para dar vida a los muertos.

Veamos el ejemplo de Pablo. Según nos enteramos antes, le pidió a Dios que le quitara una «espina… clavada en el cuerpo». El vocablo griego que se traduce como «espina» significa una afilada estaca. Sea lo que fuere dicha espina, producía un dolor punzante. Cuando el dolor llegaba a un punto insoportable, este devoto siervo de Dios le rogaba a Dios que se lo quitara. Tres veces hizo el mismo pedido: *Sáname*. Cada vez la respuesta de Dios se mantuvo firme: *No* (2 Corintios 12:7–9).

A continuación de dicho forcejeo traumático aseveró «me regocijo en debilidades» porque *sin sanidad* el Señor demostró que era suficiente y fuerte (2 Corintios 12:10).

Pablo manifiesta que dicha «espina» es «un mensajero de Satanás» (obviamente permitido por Dios) cuyo propósito es el de mantenerlo genuinamente humilde.

A veces no es la voluntad de Dios que nos sanemos. Tenga cuidado de no prometer sanidad a una persona enferma. Si fuera la voluntad de Dios que todos estuvieran sanos, no habría enfermos en el mundo. O si fuera la voluntad del Señor sanar a todos los que pertenecen a su familia, ningún cristiano estaría enfermo.

Aprenda a pensar bíblicamente. Piense teológicamente. Dios está con nosotros en nuestro dolor. Su Espíritu a menudo nos ministra sanidad de otras maneras aparte de las físicas. El simple hecho de que opte por no brindarnos sanidad no significa que no esté obrando. Él está con usted durante el tiempo más difícil. Su gracia aún nos basta.

El corolario a la Ley cinco: A veces es voluntad de Dios que alguno se sane.

Hay momentos en que nuestro Señor escoge de manera soberana restaurar al enfermo (Santiago 5:15). Este es su soberano derecho. Cuando interviene de manera milagrosa, la sanidad es inmediata, completa, permanente y gratuita. Cuando eso sucede, solo él merece la alabanza, nunca algún instrumento humano. Todo está en las manos de Dios. No busque sanidades a la vuelta de cada esquina. Dios no se dedica a los espectáculos. Si los milagros fueran cosa de todos los días, se volverían «habituales».

Cada vez que ocurre una sanidad, Dios la realizó. Ocurre a diario. De vez en cuando es milagrosa. Con mayor frecuencia, es asistida por un diagnóstico acertado, experta atención médica, asistencia medicinal esencial y simple sentido común. Cuando Dios sana, no hay manera de que el hombre se atribuya la gloria.

La mayoría de los cristianos que conozco no vacilarían en decir que el Señor sana. Lo hemos visto traer sanidad a matrimonios fracturados, vidas quebrantadas y emociones cicatrizadas. ¿Por lo tanto, quién de nosotros dudaría que puede sanar enfermedades físicas y mentales? ¿Por qué otro motivo oraríamos pidiéndole que interviniera cuando nosotros o algún ser querido se enferma? Aquel que crea la vida ciertamente puede brindarle sanidad.

Tengo una maravillosa lista mental de individuos conocidos, por los cuales he orado, acompañándolos durante tiempos de grandes y amenazantes enfermedades. Hoy son fuertes ejemplos de salud. En muchos casos los médicos que los atendían prácticamente los habían desahuciado. Estoy convencido —y le aseguro que *ellos* están convencidos— de que el Señor los sanó.

Sin embargo, los creyentes más desilusionados con los que me ha tocado estar, han sido aquellos a quienes supuestos sanadores les prometieron sanidad, y no ocurrió. Eso raya en tragedia que nos conmueve. Mi corazón se conmueve con gran compasión para con el que sufre, ya sea mi nieto de doce años o algún santo de ochenta o noventa años que padece, está paralizado o es víctima de alguna enfermedad.

Allí las tiene. Las Cinco Leyes del Sufrimiento en lo que respecta a pecado, enfermedad, salud y sanidad.

- Ley 1: Hay dos clasificaciones del pecado.
- Ley 2: El pecado original produjo sufrimiento, enfermedad y muerte a la raza humana.
- Ley 3: A veces existe una relación directa entre pecados personales y enfermedad.
- Ley 4: A veces no hay relación alguna entre pecados personales y enfermedad.
- Ley 5: No es voluntad de Dios que todos se sanen.
- Y su corolario: A veces *es* voluntad de Dios que alguien se sane.

Vuelva a leerlas una por una. Escríbalas en la parte posterior de su Biblia. Sin duda se encontrará con alguna persona que se preguntará por qué él o ella (o algún ser querido) no recibe sanidad. Quizá Dios use sus palabras para calmar la ansiedad de dicha persona y quitarle su confusión.

¿QUÉ HACER CON EL DOLOR QUE SIENTE USTED?

Si bien no suelo ser una persona que se preocupa por todo, me produce cierta inquietud saber cómo lidian las personas con su dolor, su quebranto y particularmente con su necesidad de alivio. Existen tantas respuestas no bíblicas y erróneas que se ofrecen y que solo logran engañar, desilusionar y perturbarlo. En efecto, lograrán causarle mayor confusión.

«Tenga la expectativa de recibir un milagro» puede resultar devastador cuando el milagro no ocurre. A las personas se les dice que algo en ellos seguramente está mal, que han dado lugar al pecado, o que no tienen una fe lo suficientemente fuerte, y así sucesivamente. Los que sufren reciben promesas de milagros dadas por supuestos expertos —algunos son sinceros, algunos ingenuos, algunos son timadores de primera— y cuando el milagro no se presenta, el daño que se produce siempre resulta trágico y ocasionalmente irreparable.

De modo que, teniendo eso en cuenta, dirijo su atención hacia una sana teología sin disculpas. La sana teología es la base de la experiencia; la experiencia no es la base de la teología. La enseñanza de la Palabra de Dios es mi responsabilidad, no el decirles a las personas lo que desean escuchar. Mitigarles la culpa, aliviarles la presión o aplicarles bálsamo a las heridas no les hace ningún bien. Pero podemos estar seguros de que la verdad de Dios nos da libertad.

Anteriormente pasamos a vuelo de pájaro por un versículo de Santiago al que ahora debemos regresar para observar con mayor detenimiento, junto con los versículos circundantes.

«¿Está alguno entre vosotros enfermo?» preguntó Santiago en su carta. El vocablo que se traduce como «enfermo» es la palabra griega *astheneo*, que significa «estar débil, carecer de fuerza». Incluso sugiere «estar discapacitado, incapacitado». Se trata de una enfermedad seria.

Ahora bien, recorramos paso a paso la instrucción que da el Espíritu a Santiago acerca de qué debemos hacer cuando alguien sufre.

«¿Está enfermo alguno de ustedes? Haga llamar [el enfermo] a los ancianos de la iglesia» (5:14a). Primero, el enfermo toma la iniciativa. A menudo los ancianos y otros líderes eclesiásticos son los últimos en enterarse cuando alguien se enferma. A veces los enfermos se sienten ignorados e incluso piensan que los pastores y los ancianos en realidad no muestran ningún interés, cuando lo cierto es que ni siquiera están enterados. El primer paso está claro: hágales saber.

Segundo, cuando llegan los ancianos, realizan dos funciones. «para que oren por él y *lo unjan con aceite* en el nombre del Señor» (v. 14b, el énfasis es mío). La unción con aceite *antecede* al tiempo que se pasa en oración.

Hay dos palabras griegas para *ungir*. Una siempre tiene una connotación religiosa y ceremonial; la otra una práctica. La cabeza de David fue ungida con aceite antes de que llegara al trono de Israel. Fue una unción ceremonial, reconociendo que él era el rey escogido. Sin embargo, nunca le diría a alguien que usted «ungió» su bicicleta con aceite porque la cadena chirriaba o que «ungió» la bisagra de la puerta con aceite. Tal procedimiento es práctico. No tiene ninguna connotación religiosa. Ahora bien, de las dos palabras, la posterior es la que se usa aquí, la de sentido práctico. «Frotar» sería una manera mejor de interpretar la palabra en lugar de «ungir».

Cuando el Buen Samaritano cuidó del hombre que había sido golpeado en el camino a Jericó, él derramó aceite y vino en las heridas del hombre. «Frotó» dichos ingredientes en las heridas del hombre. El mismo vocablo aparece en antiguos tratados médicos griegos donde se recetaba aceite con propósito medicinal.

Ungir en Santiago 5 se refiere a la aplicación práctica de medicina apropiada o, en términos actuales, a la ayuda profesional adecuada junto con medicaciones recetadas. En otras palabras, «Vea a su médico y siga sus instrucciones». Eso viene primero. Luego, tras procurar una atención médica adecuada, debe haber oración.

Creo firmemente que se debe seguir este procedimiento. Me resulta muy difícil orar por alguien que se niega a consultar a un médico y seguir sus instrucciones, o que se niega a tomar la medicación recetada o seguir la terapia recomendada. Creo que es bíblico que los que están seriamente enfermos no deben simplemente procurar atención médica, sino que lo deben hacer en *primer término*.

Durante décadas he admirado al doctor C. Everett Koop, el ex director general de Salud Pública de los Estados Unidos. A lo largo de su carrera, Koop realizó más de cincuenta mil cirugías. En el libro *The Agony of Deceit* [La agonía del engaño], el doctor Koop escribió un capítulo titulado «La sanidad por fe y la soberanía de Dios». Esto le resultará perceptivo:

> Un número sorprendente de cristianos están convencidos de que Dios no será creído a menos que haga desaparecer tumores, haga desaparecer asma, y haga aparecer ojos en órbitas huecas. Sin embargo, el evangelio se acepta mediante una fe dada por Dios, no por la garantía de que nunca estará enfermo o, si lo está, que será milagrosamente sanado. Dios es el Señor de la sanidad, del crecimiento, del

tiempo, del transporte y de todo otro proceso. No obstante, las personas no tienen la expectativa de obtener vegetales sin arar. No tienen la expectativa de experimentar levitación en lugar de entrar en un automóvil y hacer girar la llave, ni siquiera por razones extraordinariamente buenas y excepcionales.

Si bien Dios *podría* hacer todo esto, los pilotos cristianos de aerolíneas no conducen el avión directamente hacia una tormenta eléctrica luego de pedirle a Dios un pasaje seguro, pese a que él bien podría darles tal seguridad. Mientras oramos pidiendo un pronto descubrimiento de un tratamiento exitoso, debo hacer todo lo que pueda para emplear la ciencia médica en la tarea que cumple, tal como deben hacer todos los profesionales de la salud.[1]

No se brinda suficiente elogio a los que sirven al enfermo en el campo de la medicina: médicos, enfermeras, terapeutas, etc. ¡Qué excelente y necesario conjunto de personas de vocación social! Pero no son obradores de milagros. No fingen serlo. Sin embargo, han recibido esmerada capacitación y, por lo tanto, tienen la sabiduría y el entendimiento que necesitan los que están enfermos. Muchos de ellos que son cristianos tienen un tranquilo y sincero aprecio por el Espíritu de Dios en medio de su profesión. Si nuestro Señor se interesó lo suficiente en la medicación como para mencionarla en un pasaje como éste, ciertamente debiera honrarse y aplicarse en nuestra era de tecnología avanzada.

A veces la sanidad es instantánea. Sin embargo, lo más frecuente es que la recuperación de la enfermedad lleva tiempo… bajo el cuidado y el ojo atento de un médico hábil. Es importante recordar que el Espíritu Santo participa de ambos tipos de sanidad, no solo de la de tipo milagroso. Resulta fácil pasar esto por alto durante los largos y a menudo angustiosos meses (a veces años) de recuperación.

Durante el tiempo que se procura hallar alivio de la enfermedad, la asistencia médica y una medicación adecuada juegan un papel importante. Sin embargo, recuerde que después del aceite, debía venir la oración. Como hombres de fe, genuinamente dedicados a que la voluntad de Dios se realice, los ancianos orarían con fervor, creyendo, elevando oraciones firmes, confiadas y a la vez humildes de intercesión.

Tercero en la lista que encontramos en Santiago 5: los resultados específicos se dejan en las manos del Señor. «En el nombre del Señor» (v. 14). Se buscó la voluntad de Dios, no las promesas vacías de algún individuo terrenal. El hacer algo «en el nombre del Señor» era una expresión coloquial de la época que significaba «la voluntad de Dios». Hoy pudiéramos decir: «Que apliquen el aceite, y luego pidan en oración que se haga la voluntad de Dios».

El resultado: «La oración de fe sanará al enfermo» (v. 15).

Tenga cuidado de mantener a los versículos 14 y 15 juntos y en contexto. Los ancianos deben orar por dicha persona en el nombre del Señor —o sea, pedir la voluntad de Dios y su bendición— ¿y el resultado? Está en manos de Dios. Cuando es su soberana voluntad dar sanidad, ocurrirá. En ese caso, «la oración de fe sanará al enfermo».

Aquí hay otro vocablo importante: «y el Señor lo levantará» (v. 15). Esto me parece milagroso, un caso de sanidad instantánea. Y no pase por alto el comentario adicional: «Y si ha pecado, su pecado se le perdonará» (v. 15).

Quizá el pasado de la persona estaba marcado por pecados… pecados extensos y serios. Y si esta es la raíz del problema, habrá confesión de ello en el proceso de la sanidad. (Recuerde nuestra Tercera ley: a menudo hay una relación directa entre pecados personales y enfermedad física).

No nos perdamos el versículo 16: «Por eso, confiésense unos a otros sus pecados, y oren unos por otros, para que sean sanados. La oración del justo es poderosa y eficaz».

«Confiésense unos a otros sus pecados» no es un reconocimiento general y público delante de toda la iglesia de cada pensamiento sucio, rebelde, lujurioso que haya tenido. El versículo se refiere a una persona que está enferma y sabe que lleva un estilo de vida equivocado y por lo tanto necesita sacar eso a la luz, confesarlo a los que tienen un interés espiritual en dicha persona y oran por la misma. ¿El resultado? Limpieza interior… sanidad exterior.

A medida que vamos avanzando por estos instructivos versículos en Santiago 5, surgen varios principios eternos, todos los cuales vale la pena declarar hoy.

La confesión de pecado es saludable… hágalo.
Cuando descubre que está equivocado, dígalo. Cuando ha hecho algo ofensivo a otra persona, acérquese a dicho individuo y reconózcalo sin tapujos. Confiéselo a Dios y luego encuentre a la persona que ha lastimado y confiéselo a dicha persona. Dios honra tal vulnerabilidad sincera. La confesión plena puede conducir hacia la restauración plena.

Orar los unos por los otros es esencial… póngalo en práctica.
Cuando alguien pregunta: «¿Puede orar por mí?» acepte el pedido de corazón. No responda con liviandad: «Claro, por supuesto»; para luego olvidarlo en seguida. Pida algunos detalles. Anote los pedidos específicos. Tengo un pequeño anotador en el escritorio de mi despacho, y cuando alguien pide oración, anoto el nombre y las necesidades de la persona. Si no lo anoto, no lo recordaré. Luego, suelo hacer un seguimiento para preguntar si Dios ha contestado la oración.

La atención médica es imperativa… obedézcala.
Sea cual fuere la aflicción, la naturaleza de la enfermedad, o las excusas que pueda sentirse tentado a usar a fin de tomar atajos, el procurar atención médica es a la vez sabio y útil. Y lo que sea que el médico le recete o le sugiera… ¡obedezca!

Cuando la sanidad viene de Dios… aprópiesela.
Alábele por ella. No atribuya su sanidad a ninguna persona en esta tierra. Solo Dios es responsable de su alivio. La sanidad no viene porque usted le paga a alguien por ella o se para en una fila por ella, o se

presenta ante algún individuo que declara que lo puede hacer. La sanidad viene porque Dios soberana y misteriosamente escoge decirle que sí. Se ubica en la categoría titulada favor inmerecido: *gracia*.

Dios puede hacer lo que le plazca con quienquiera que escoja cada vez que así lo desee. Su Espíritu, que vive en nosotros, es todopoderoso. Pero él también es soberano; tiene el derecho de escoger a quienquiera, para cualquier propósito que pudiera deleitarlo, para su gloria, en cualquier momento que él desee escoger.

CUANDO LA SANIDAD LLEVA TIEMPO

Un pensamiento final sobre cómo el abrazo del Espíritu aporta sanidad a nuestra vida. Ahora pienso en aquel que es llamado a soportar el sufrimiento; los que han buscado sanidad y a los que el Señor ha dicho sí, pero llevará un poco de tiempo.

Permítame dirigirme directamente a los que sufren. Dios realiza algunas de sus mejores obras en ustedes durante el tiempo que se demora la sanidad. De manera casi imperceptible, usted se está convirtiendo en una persona de sensibilidad más aguda, entendimiento más amplio, ¡y con una mecha más larga! La paciencia es un producto secundario del dolor prolongado. También lo son la tolerancia para con los demás y la obediencia para con Dios. Resulta difícil saber cómo clasificar dichas características, pero a falta de un título mejor, llamemos a todo el paquete *Sabiduría dada por el Espíritu*.

Durante muchos años en su vida quizá haya obrado estrictamente sobre la base del conocimiento… la absorción humana de hechos y la reacción natural hacia otros. Pero ahora la aflicción ha entrado en su vida, y aunque preferiría mucho más haberla superado, todavía no se ha acabado. El dolor que se ve forzado a soportar lo está reformando y rehaciendo en lo profundo de su ser.

David el salmista una vez escribió:

Antes de sufrir anduve descarriado,
   pero ahora obedezco tu palabra…
Me hizo bien haber sido afligido,

porque así llegué a conocer tus decretos…
Señor, yo sé que tus juicios son justos,
y que con justa razón me afliges.
(Salmo 119: 67, 71, 75)

David admitió que un mayor deseo de obedecer (v. 67), un espíritu más receptivo a la enseñanza (v. 71), y una actitud mucho menos arrogante (v. 75) ahora eran suyos, gracias a la aflicción prolongada.

El conocimiento humano se da en forma natural. Pero a menudo viene acompañado de orgullo carnal, un sentido de autosuficiencia e independencia rígida y arrogante. Este tipo de conocimiento puede causar que nos volvamos cada vez menos interesados en las cosas espirituales. A medida que crece nuestro reservorio de conocimiento horizontal, nuestra insensibilidad aumenta, y a menudo nuestro corazón se endurece.

Luego llega el dolor. Alguna dolencia física nos derriba llevándonos a ser meros mortales. O bien ocurre un colapso emocional. Estalla un conflicto doméstico, y quedamos reducidos prácticamente a la nada. Sea lo que fuere, quedamos paralizados; nos sentimos a la deriva en un mar de turbulencia privada y quizá de vergüenza pública. Como si esto fuera poco, estamos convencidos de que nunca nos recuperaremos.

Justamente en esa calle sin salida, la sabiduría divina está a la espera de que la abracemos, aportando consigo una mezcla bella de perspicacia —como nunca antes tuvimos pese a todo nuestro conocimiento— humildad genuina, una percepción de otros y una increíble sensibilidad hacia Dios. Durante el tiempo que nos llevó sanar, la sabiduría está ocupando el lugar del conocimiento. La dimensión vertical va adquiriendo un enfoque más claro.

Según Hipócrates, «La sanidad es cuestión de tiempo»

Hipócrates fue un médico griego que muchos consideran «el Padre de la Medicina». Él fue quien escribió el juramento hipocrático que prestan los que ingresan a la práctica de la medicina. Vivió alrededor del 450 al 375 a.C., o sea que fue contemporáneo de filósofos de la talla de Sócrates, Platón y Aristóteles. Hipócrates escribió mucho más que el juramento que lleva su nombre, y la mayoría de sus escritos, como es de esperarse, tienen que ver con la anatomía, la medicina y la sanidad humana.

En un escrito titulado *Aforismos*, por ejemplo, escribió: «Remedios extremos son muy apropiados para enfermedades extremas». En *Preceptos*, las siguientes palabras aparecen en el primer capítulo: «La sanidad es cuestión de tiempo». Cuando recientemente leía estas frases, se me ocurrió que uno pudiera conectarlas en una paráfrasis que produciría una frase bastante significativa y relevante: «La recuperación de dificultades extremas suele requerir de un período de tiempo extremo».

En nuestro mundo de todo «instantáneo», eso quizá no suene muy alentador. Sin embargo, con mucha frecuencia es cierto. Cuanto más profunda la herida, más extenso el daño, mayor tiempo se necesita para la recuperación. ¡Sabio consejo, Hipócrates!

¿Dónde obtendría semejante sabiduría el anciano griego? Sus *Aforismos* y *Preceptos* suenan casi como los Proverbios de Salomón.

Hipócrates vivió entre el rey Salomón y el apóstol Pablo; lo que se conoce en la historia bíblica como la era entre los Testamentos, ese período que abarca unos cuatrocientos años en los que no se escribió ninguna Escritura, aunque se estaban recopilando los libros del Antiguo Testamento. ¿Acaso será que el médico y filósofo griego, en su investigación, se topó con algunos de los escritos de Salomón y parafraseó algunos versos? Por ejemplo, ¿no es posible que algo del diario de Salomón (llamado Eclesiastés) pudiera haber aparecido en los escritos de Hipócrates? Considere los primeros versos:

Todo tiene su momento oportuno;
hay un tiempo para todo lo que se hace bajo el cielo:
un tiempo para nacer, y un tiempo para morir;
un tiempo para plantar, y un tiempo para cosechar;
un tiempo para matar, y un tiempo para sanar;

un tiempo para destruir, y un tiempo para construir.
(Eclesiastés 3:1–3)

Escondido en ese tercer versículo está la frase intrigante, «un tiempo para sanar». No puedo evitar preguntarme si las palabras de Hipócrates, «La sanidad es cuestión de tiempo», pudieran haberse originado en la declaración de Salomón. Sea como fuere, la declaración se mantiene sensata, tanto a nivel médico como a nivel bíblico. Salvo en los casos de intervención milagrosa de Dios, la sanidad lleva tiempo. Y cuanto mayor la enfermedad o el daño, a menudo más tiempo se demora la sanidad.

Este asunto me ha inquietado durante mucho tiempo. A lo largo de mis años de ministerio me he topado con muchas personas que sufren, con el dolor proveniente de toda fuente concebible.

Sin embargo, los que parecían más desilusionados han sido los que pidieron en oración una rápida recuperación sin experimentarla. A muchos de ellos se les prometió que la recibirían, promesa dada por personas que mantenían la esperanza de un milagro. Cuando la anticipada intervención divina no se concretó, su angustia llegó al punto de quiebre. He visto sus rostros y escuchado su clamor. He sido testigo de su respuesta: una amplia gama que va desde la desilusión silenciosa hasta el cinismo amargo y maldiciente… desde la tristeza lacrimosa hasta actos violentos de suicidio. Y la mayoría de ellos han sido cristianos sinceros e inteligentes.

Una palabra final para los que sufren

Dios permite nuestro sufrimiento. No dude un instante de que las circunstancias de sufrimiento son usadas por Dios para darle forma y conformarlo a la «imagen de su Hijo». Nada entra en su vida en forma accidental… recuerde eso. No existe la «suerte», la «coincidencia» ni la fatalidad para el hijo de Dios. Subyacente a toda experiencia que tengamos está nuestro amante y soberano Señor. Continuamente hace que las cosas obren según su plan y propósito infinitos. Y eso incluye nuestro sufrimiento.

Cuando Dios quiere realizar una tarea imposible, toma a un individuo imposible... y lo pulveriza. El ser pulverizado significa ser reformado, ser un instrumento vital, compasivo y útil en sus manos.

El apóstol Pablo señala con el dedo una revelación crucial de aprender durante cualquier temporada de sufrimiento: a fin de que podamos llegar al fin completo de nosotros mismos y aprender el poder de la dependencia total.

Cuando la fuerza propia de Pablo había disminuido, halló otra fuerza. Cuando su propia voluntad de avanzar se había desvanecido como la estrella última de la mañana, el sol de una nueva esperanza resplandeció en su horizonte.

Cuando finalmente golpeó contra el fondo, Pablo aprendió que estaba en la palma de la mano de Dios. No podía hundirse más allá de los brazos del Eterno.

Quizá escribo a un santo rebelde y sufriente que está forcejeando con Dios por causa de una aflicción. Usted aún no ha bajado los brazos, no ha terminado su alegato, decidiendo confiar plenamente en él.

¿Acaso no ve, mi amigo, que Dios intenta enseñarle la lección sumamente importante de la sumisión a él, la dependencia total de su infinita sabiduría y de su amor sin límites? Confíe en lo que le digo: Él no aflojará hasta que usted se dé por vencido. ¿Quién conoce esa independencia empedernida en su interior mejor que Dios? ¿Cuánto tiempo más luchará contra él? En el Salmo 46:10, nos insta a que dejemos de luchar... que nos quedemos quietos.

El Señor está cerca... es más real que el dolor que usted soporta. Su Espíritu anhela apoyarlo en el crisol de su crisis. Confíe hoy en él. Su Espíritu está listo para abrazarlo si tan solo lo invita a hacerlo. Ahora mismo.

Él lo escuchará. Él tiene un amor especial por los que sufren.

¿Cómo puedo experimentar el poder del Espíritu?

Completamos el círculo. Al iniciar nuestro recorrido con el Espíritu Santo, estábamos con el Señor Jesús en el aposento alto. Era la noche en que Jesús fue arrestado, seguido del día en que fue a la cruz. Durante dicha última cena, Jesús preparó a sus hombres para la vida en la tierra tras su partida. Les prometió que no los abandonaría en ese lugar de desesperación; «No los voy a dejar huérfanos; volveré a ustedes» (Juan 14:18). Jesús también les prometió que su reemplazo sería «otro Consolador», a saber, el Espíritu Santo (v. 16). Además, cuando llegara ese otro Consolador, se convertiría en una parte integral de la vida de ellos. No solo estaría con ellos en forma temporal; el Espíritu residiría dentro de ellos durante el resto de sus años en la tierra. Jesús solo había estado *con* ellos; Él (el Espíritu) estaría *en* ellos.

Las últimas palabras que escucharon los discípulos de labios de Jesús cuando regresó al cielo fueron una prolongación de dicha promesa: «Pero cuando venga el Espíritu Santo sobre ustedes, recibirán poder» (Hechos 1:8). Su Espíritu no solo los ayudaría, sino que les prometió *poder* a sus discípulos cuando el Espíritu llegara para morar en ellos.

Para dichos hombres en esa era, ese poder innegable, enviado del cielo, de parte de Aquel a quien Jesús envió, se manifestó de docenas de maneras diferentes, muchas de ellas visibles y sobrenaturales. Fueron capacitados para ponerse de pie frente al público y predicar, sin vergüenza y sin temor. Experimentaron cambios internos tan dinámicos que les fue concedida la habilidad de hablar en lenguas y dialectos que previamente les eran desconocidos. Muchos de ellos realizaron hazañas milagrosas, mientras que otros sanaron enfermedades en forma instantánea y permanente. Discernían el error, se enfrentaban al mal, levantaban a los muertos, y soportaban las muertes más torturantes sin acobardarse. ¡Transformación asombrosa!

Algo revolucionó a esos discípulos tímidos, torpes y temerosos convirtiéndolos en audaces, devotos e inspiradores hombres de Dios… y ese algo fue una fuente sobrenatural de poder.

Sin duda, ese interludio transicional fue una era singular al nacer y comenzar a crecer la incipiente iglesia. Fue un período de tiempo en el que los milagros autenticaban la presencia de Dios en las vidas humanas y el mensaje de Dios a través de labios humanos. Sin las Escrituras completas, ¿cómo sabría el pueblo quiénes eran los ungidos por Dios? Además, en la rápida extensión del evangelio por vastas regiones sin evangelizar, la habilidad de hablar en muchos dialectos y lenguas resultó de valor inestimable. Claramente, hizo falta un enorme poder para lanzar la *ecclesia*, la iglesia.

¿PERO QUÉ PASA CON EL PODER DEL ESPÍRITU HOY?

¿Cuáles son las pruebas de ser lleno del poder del Espíritu hoy? ¿Podemos —debiéramos— tener la expectativa de recibir «un milagro cotidiano»? ¿Acaso el «poder sobrenatural» debiera ser la expresión clave de todo creyente? ¿Será que en nosotros hay algo malo si no manifestamos de manera constante la presencia fenomenal del Espíritu de Dios y sus obras portentosas?

Los discípulos habían escuchado anteriormente a Jesús hablar acerca del Espíritu. En Juan 7 Jesús se describió como agua viva y luego presentó una gloriosa invitación: «¡Si alguno tiene sed, que venga a mí y beba!» (v. 37). También prometió algo para nosotros: « De aquel que cree en mí [¡eso nos incluye a usted y a mí!], como dice la Escritura, brotarán ríos de agua viva. Con esto se refería al Espíritu…» (vv. 38–39).

Permítame parafrasear el versículo 38: «A partir de la vida interior del creyente habrá un reservorio de poder enorme e inconmensurable. Brotará. Se derramará como un río torrentoso, creando rápidos y cataratas y fuertes corrientes hacia los océanos». Esa es la idea. No es una imagen de algún displicente tipo pasivo de fuerza latente que con un poco de suerte se hará presente. Es la dinámica de la vida, que se llama sencillamente «el Espíritu».

La fuerza más poderosa en su vida de cristiano es algo que ni siquiera puede ver. Es tan poderosa que lo sostiene eternamente hasta que Cristo venga y afirme su destino, conduciéndolo directamente hacia la eternidad. Mientras tanto él está dispuesto a obrar dentro de usted, transformando su vida. El poder del Espíritu está esperando a que lo usemos.

La Palabra de Dios no usa la palabra *poder* con liviandad; tampoco se nos promete personalmente que tendremos manifestaciones sobrenaturales en forma diaria. Sin embargo, el poder del Espíritu en control de la vida de un creyente no es nada menos que fenomenal. Volvamos al fundamento para hacer memoria de dicho poder totalmente magnífico.

Comprendamos primero lo primero

¿Cómo completaría las dos oraciones siguientes?

Soy cristiano porque _____.

Soy lleno del Espíritu cuando _____.

¿Qué significa ser cristiano? ¿Cómo puede una persona aseverar con confianza que es un miembro de la familia de Dios para siempre? Permitamos que la Palabra de Dios responda eso por nosotros: «Mas a cuantos lo recibieron, a los que creen en su nombre, les dio el derecho de ser hijos de Dios» (Juan 1:12).

¿Acaso es así de estrecho? ¿El convertirse en cristiano se limita única-camente a conocer a Cristo? Nuevamente, permitamos que Jesús responda eso por nosotros. Juan 14:6 manifiesta: «Yo soy el camino, la verdad y la vida —le contestó Jesús—. Nadie llega al Padre sino por mí».

No cabe duda al respecto, esa es una declaración exclusiva. Sin embargo, la verdad es tan estrecha como Cristo la declaró, y es verdad porque él lo dijo. La primera oración que le pedí que completara pudiera decir así: Soy cristiano porque *Estoy correctamente relacionado con el Hijo de Dios*. Primera Timoteo 2:5 confirma: «Porque hay un solo Dios y un solo mediador entre Dios y los hombres, Jesucristo hombre». En esta cultura pluralista, vale la pena destacar el singular: «un solo Dios… un solo mediador».

¿Qué debo hacer entonces para obtener la fuente del poder de Dios en mi vida? Esto quizá lo sorprenda, pero la respuesta es *nada*. Él viene a vivir dentro de usted instantánea y permanentemente cuando se relaciona correctamente con el Hijo de Dios… cuando cree en Cristo. Usted no hace una sola contribución a su posición delante de Dios por hacer esto o prometer aquello o por rendir ciertas cosas. La transacción se basa en la gracia: el favor incomparable e inmerecido de Dios. Cuando usted y yo recibimos el regalo de la vida eterna, envuelto dentro de ese regalo está el Espíritu Santo. Él viene como parte del «paquete inicial de salvación». Nunca se nos ordena que oremos por el Espíritu Santo o para ser bautizados en el Espíritu Santo o para ser regenerados por el Espíritu Santo o para ser sellados por el Espíritu Santo. ¿Por qué? Porque todas esas cosas ocurren en el momento que nacemos de nuevo.

Supongamos que tiene entre manos un libro que le di de regalo. Si usted me expresara: «De verdad me encantaría tener todos los capítulos de este libro». Yo le respondería: «Ya tiene todos los capítulos. Todos están allí y todos le pertenecen para leerlos y disfrutarlos. El libro es suyo; por lo tanto, tiene todo lo que hay en él». Lo mismo ocurre con Cristo. Al recibirlo, tenemos todo lo que viene con el regalo de salvación… y eso por cierto incluye la presencia y el poder del Espíritu Santo.

Esto nos lleva a la segunda oración:

Soy lleno del Espíritu cuando *me relaciono correctamente con el Espíritu de Dios*. Cuando lo hacemos, el poder dentro de nosotros se libera y nos convertimos en sus vasijas de honra, listos y disponibles para cualquier servicio que Él desee realizar. Cuando somos llenos (viviendo bajo el control del Espíritu), el poder que levantó a Cristo de entre los muertos se convierte en la fuerza motivadora en nuestra vida. ¡Considérelo!

Tal como aprendimos anteriormente, la plenitud del Espíritu no solo significa que nuestra vida está totalmente a la disposición de Dios, sino que también incluye cosas como mantener las cuentas al día, ser sensible a cualquier cosa que pudiera haberse interpuesto entre nosotros y Él… y a andar en completa dependencia de Él.

Cuando lo hacemos, Él puede obrar a través de nosotros, hablar a través de nosotros, usarnos, dirigirnos sin restricción, y capacitar nuestros dones; nos hace falta su poder, su obra, su limpieza, su liberación. Y a medida que nos llena, ocurre todo eso y mucho más.

¿Cómo sé que Cristo está obrando?

Pues bien, usted se preguntará: «¿Qué se puede esperar de la vida cristiana en forma realista? ¿Cómo puedo ver dicho poder en acción? ¿Cómo sé que Cristo está obrando?». Se me ocurren unas cuantas cosas.

Porque soy cristiano y, por lo tanto, correctamente relacionado con el Hijo de Dios:

- Estoy en Cristo.
- Vivo en él y él vive en mí.
- Conozco el alivio de haber sido limpiado de pecados personales.
- Puedo vivir por encima del control dominante del pecado.
- Tengo acceso inmediato al Padre mediante oración.
- Puedo comprender las Escrituras.

- Puedo perdonar —y debiera perdonar— a quienquiera me haga mal.
- Tengo la capacidad de llevar fruto a diario, en forma continua y regular.
- Poseo al menos un don espiritual (a veces más de uno).
- Adoro con gozo y con propósito.
- La iglesia me resulta vital, no rutinaria ni aburrida.
- Tengo una fe para compartir con otros.
- Amo a los demás y necesito de ellos.
- Aguardo con expectativa tener comunión estrecha con otros cristianos.
- Puedo obedecer las enseñanzas de la Palabra de Dios.
- Sigo aprendiendo y creciendo hacia la madurez.
- Puedo soportar el sufrimiento y las pruebas sin descorazonarme.
- Dependo de y confío en mi Señor para obtener fuerza y provisiones diarias.
- Puedo conocer la voluntad de Dios.
- Vivo con la expectativa del regreso de Cristo.
- Tengo la seguridad de ir al cielo cuando muera.

No sea apresurado en leer esa lista. Cada punto enumerado es bastante asombroso. Dicha muestra ilustra todo tipo de singulares posesiones, experiencias y bendiciones que le pertenecen por gracia de Dios a fin de que los disfrute por el simple hecho de haber sido aceptado en su familia. Son suyos y puede apropiarse de ellos a diario. Cuando considera a todos juntos, sin duda concordará en que representan una impresionante lista de realidades increíbles.

Si bien ninguno de los puntos antes mencionados se considerarían *milagrosos* —al menos en el sentido acostumbrado de la palabra—, ciertamente habría que ubicarlos en la categoría de *notables*. Cuando hacemos memoria de que estos son normales y que son nuestros para disfrutar de continuo, la vida cristiana se convierte en el estilo de vida más envidiable que uno pudiera imaginar.

Tal vez no se trate del «cristianismo de poder», pero por cierto es la «vida abundante» que prometió Cristo. Asegúrese de tener eso bien claro, caso contrario llevará una vida de decepción y frustración, siempre a la búsqueda de algo más extático o exageradamente sobrenatural.

Hace varios años un avezado piloto me contó que el pilotear un avión consiste de horas y horas de puro aburrimiento, interrumpidos periódicamente por instantes de puro pánico.

Si bien nunca usaría la palabra *aburrimiento* para describir la vida cristiana, usted me entiende. Dios puede (y a veces lo hace) ingresar a nuestro mundo de maneras sobrenaturales y manifestar su poder. Es notable cómo interrumpe la rutina (si es posible rotular de rutina a las cosas que enumeré) con algo fenomenal que solo él pudiera haber hecho.

Permítame sugerirle otra lista para su reflexión. Se trata de cosas de las cuales usted y yo podemos apropiarnos cuando el Espíritu tiene pleno control.

Cuando usted está lleno del Espíritu y por lo tanto está correctamente relacionado con el Espíritu de Dios:

- Está constantemente rodeado por el escudo de protección omnipotente del Espíritu.
- Tiene una dinámica interior con la cual puede sobrellevar las presiones de la vida.
- Tiene la capacidad de estar gozoso… pase lo que pase.
- Tiene la capacidad de captar las cosas profundas de Dios que él menciona en su Libro.
- Le cuesta poco mantener una actitud positiva de generosidad, servicio y humildad.
- Tiene un agudo sentido de intuición y discernimiento; percibe la maldad.
- Tiene la capacidad de amar y de ser amado en forma recíproca.
- Puede ser vulnerable y franco.

- Puede confiar en que el Espíritu intercederá cuando usted ni siquiera sabe cómo orar.
- No tiene razón de temer al mal o a los ataques demoníacos y satánicos.
- Se lo capacita para estar firme, aun cuando está solo, con confianza.
- Experimenta una seguridad interior con respecto a sus decisiones.
- Goza de una conciencia limpia y libre de vergüenza.
- Tiene un «sistema interior de filtración».
- De verdad puede vivir libre de preocupación.
- Tiene la capacidad de ministrar a otros por medio de su(s) don(es) espiritual(es).
- Goza de una íntima y perdurable «relación de *Abba*» con el Dios viviente.

Repito, ninguna de las cosas que se enumeran en la lista anterior podrían denominarse *milagrosas*. Su naturaleza no es súper fenomenal ni son de manifestaciones sobrenaturales, pero le pertenecen y puede apropiarse de ellos por el simple hecho de que el Espíritu de Dios lo llena a usted. No se trata de una «llenura de poder», sino de la normal y maravillosa vida llena del Espíritu.

Francamente, dichas evidencias son las cosas que nos hacen falta y podemos contar con ellas mucho más que con los momentos de puro éxtasis. Estas son las cosas con las que podemos contar porque estamos correctamente relacionados con el Hijo de Dios y con el Espíritu de Dios. Más que de continuas y altamente cargadas «visiones de poder» o «encuentros de poder», necesitamos ser llenos del sustentador y todopoderoso Espíritu de Dios. Cuando él se hace cargo, su poder se hace evidente.

Todo hijo de Dios que anda en el poder del Espíritu Santo queda «en libertad» de gozar de una increíble liberación de las cosas que de otro modo nos mantendrían esclavizados. ¡Qué gran libertad! «Ahora bien, el Señor es el Espíritu; y donde está el Espíritu del Señor, allí hay libertad» (2 Corintios 3:17).

Libertad es otra manera de decir *liberación*. ¿Liberación de qué? Liberación de ataduras y de temor. Liberación del tedioso perfeccionismo. Liberación de una vida restringida, aburrida y previsible. Liberación de la esclavitud relacional. Liberación de adicciones. Liberación para ser, para hacer, para llegar a ser. Tal liberación proviene del simple hecho de tener al Espíritu y de permitirle que nos llene. Es una tranquila y suave liberación de todo lo que nos ata a fin de que podamos ser íntegros, completamente auténticos. La reticencia interior desaparece. Cuando atravesamos por una profunda pena tenemos la libertad de llorar. Cuando experimentamos gozo tenemos la libertad de reír. La autenticidad fluye con libertad y facilidad.

Evidencias prácticas del obrar del Espíritu de Dios

El Espíritu de Dios obra profunda e íntimamente a fin de transformar nuestra vida. Desea con pasión encaminar nuestros pasos, limpiarnos el pensamiento, sanar nuestras heridas, hacerse cargo de nuestras preocupaciones, revelar la voluntad de Dios, y protegernos del mal. Todo esto y mucho más nos pertenece por medio de la presencia dinámica de aquel que Jesús envió para que fuera nuestro Consolador.

No se deje atribular por no poder ver ni escuchar el obrar del Espíritu. Él opera en una esfera invisible. Se trata de un poder y una fuerza que nunca podrá ver con ojos terrenales; solo podrá ver su obrar. La metáfora que usan las Escrituras es que el Espíritu es como viento. No lo vemos, pero vemos su obrar (Juan 3:8).

Cuando él, el Espíritu de Dios, está al mando, es imponente. Cuando está ausente, es espantoso.

Consideremos esto de manera práctica. ¿Exactamente cómo se ve el obrar del Espíritu?

Vemos el obrar del Espíritu en nuestra vida personal.
Podemos conocer la presencia del Espíritu al ser testigos de ella en

nuestra propia vida. Usted sabe quién fue usted antes de convertirse a Cristo. Sabe cómo han cambiado sus actitudes y motivaciones. La obra del Espíritu se desarrolla continuamente. Pablo declaró con mucha claridad que nuestro cuerpo representa el templo del Espíritu: «¿Acaso no saben que su cuerpo es templo del Espíritu Santo, quien está en ustedes y al que han recibido de parte de Dios? Ustedes no son sus propios dueños; fueron comprados por un precio. Por tanto, honren con su cuerpo a Dios» (1 Corintios 6:19–20).

Cuando somos hijos de Dios, el Espíritu mismo da testimonio a nuestro espíritu de que somos hijos de Dios (Romanos 8:16–17). Cuando estamos con otros cristianos, el testimonio del Espíritu verifica nuestra conexión espiritual, pese a que tal vez hablemos diferentes idiomas y provengamos de diferentes culturas. Es una conexión maravillosa. Puedo sentarme con un grupo de creyentes en Rusia y sentir una inmediata sensación de acuerdo, una verdadera identificación de familia, aunque no hable una sola palabra de ruso. Ese es el obrar del Espíritu.

Además, cuando nos enfrentamos a ataques del enemigo, la obra del Espíritu resulta obvia cuando tenemos una sensación de confianza y de seguridad en nuestra fe. Sabemos que «el que está en ustedes es más poderoso que el que está en el mundo» (1 Juan 4:4).

Vemos que el Espíritu capacita para el ministerio a los cristianos dotados.

Dichos dones y ministerios difieren y varían; sin embargo, el Espíritu Santo está obrando. Primera Corintios 12 expone un fabuloso catálogo de dones, «pero un mismo Espíritu» (v. 4). Diversos ministerios, « pero un mismo Señor» (v. 5). Diversos efectos, « pero es un mismo Dios el que hace todas las cosas en todos. A cada uno se le da una manifestación especial del Espíritu para el bien de los demás» (vv. 6–7).

Cuando escucho a un talentoso maestro exponer las Escrituras, me beneficio de la obra del Espíritu en la vida de dicha persona. Cuando me entero de, o bien observo personas que son talentosas en la evangelización, en ganar a otros para Cristo, me consta que hay participación de la obra del Espíritu. Cuando observo personas que activamente muestran misericordia y dan ánimo, demuestran hospitalidad y ayudan a otros, nuevamente soy testigo de la obra del Espíritu.

Vemos que el Espíritu convence de pecado.

Y cuando él venga, convencerá al mundo de su error en cuanto al pecado, a la justicia y al juicio (Juan 16:8).

Quizá no lo crea, pero los que no tienen a Cristo lidian con su incredulidad. Es un hecho. Intentan por todos los medios posibles escapar de ella: mediante la bebida, mediante las drogas, mediante viajes, mediante actividad, mediante estudios o algún tipo de divague filosófico, mediante estudios avanzados, mediante buenas causas, mediante pasatiempos o algún otro medio de escape. Intentan huir del Espíritu que los atrae hacia la salvación. Sin embargo, el Espíritu convence al mundo de pecado y de justicia. Es como un fiscal siempre presente que dice: «Estos son los hechos. He aquí las pruebas. He allí el culpable». Y quedan con la boca cerrada sin excusas a la luz de los hechos y de las pruebas. ¿Cómo hace esto? A través de los creyentes en Cristo en los cuales habita.

El hijo de Dios que habita en esta tierra, capacitado por el Espíritu de Dios, es una carta viviente que el mundo observa. A medida que el mundo lo observa a usted y me observa a mí controlados por el Espíritu, el mundo es testigo de una vida transformada. Y a medida que dicha vida se lleva a cabo de una manera singular en el mismo mundo en que otros fracasan o se frustran, se dan cuenta de que hay una diferencia radical. Y el Espíritu de Dios los convence de su incredulidad en Jesucristo a la vez que descubren la fuente de poder que tiene usted. Cuando venga el Espíritu de Dios, él convencerá al mundo de pecado. Ellos tendrán conciencia de pecado, no por mirar las montañas que cuentan la gloria de Dios, la naturaleza que revela la majestad y el poder de Dios, sino al ser testigos de la verdad viviente en su vida y la mía.

Al menos dicha verdad inspirará una vida piadosa cuando usted comprenda que usted es, en efecto, la *única* Biblia que leen muchos al ponerse en contacto con usted. Usted escribirá el Evangelio de Juan, capítulo 16, mañana por la mañana en su lugar de trabajo. Lo terminará mañana por la tarde, y escribirá el capítulo diecisiete el día siguiente por la mañana. Usted escribe un evangelio y el mundo lo lee. Ellos descubrirán que es verdad o falsedad, dependiendo de cuánto cuadra su vida con las Escrituras. El Espíritu de Dios usa su vida para alcanzar a otros.

La segunda parte de Juan 16:13 es para el creyente. Vemos que el Espíritu nos guía hacia la verdad.

Durante mi servicio militar en la infantería de marina, nuestro barco arribó al puerto de Yokohama en enero de 1958. Si bien habían pasado años desde la finalización de la Segunda Guerra Mundial, dicho puerto seguía siendo un lugar de peligro por causa de minas submarinas que aún no se habían quitado. En la boca del puerto, nuestro barco se detuvo para permitir que abordara un piloto japonés del puerto a fin de que nos guiara por las aguas traicioneras. Lenta y cautelosamente nos condujo por esas aguas oscuras y desconocidas. Estando de pie en la cubierta, solo podíamos ver la superficie que estaba debajo de nosotros y el puerto que teníamos por delante. Pero el piloto de puerto condujo la nave con confianza, dado que conocía cada giro para llevarnos hasta el muelle sin percances.

De la misma manera, Jesús prometió que el Consolador nos guiaría hacia toda la verdad, conduciéndonos por la vida, y que nos señalaría las rocas ocultas, los arrecifes y las minas que tenemos por delante. Si bien solo alcanzamos a ver la superficie, él ve hasta las profundidades y mucho más allá del horizonte.

Vemos que el Espíritu detiene la iniquidad.
Porque el misterio de la iniquidad ya está en acción, sólo que *aquel que por ahora lo detiene*, lo hará hasta que él mismo sea quitado de en medio (2 Ts 2:7, *La Biblia de las Américas*, el énfasis es mío).

¿Leyó últimamente las noticias por Internet o miró el noticiero vespertino? Es cierto que el mundo parece caótico y descontrolado. La iniquidad parece estar en un nivel sin precedentes. Pero ¿cómo sería este mundo si la influencia controladora del Espíritu de Dios desapareciera de repente? Cuando el que detiene (el poder controlador del Espíritu) sea quitado, habrá expresiones y brotes de maldad como nunca se han visto y que no es posible imaginar. El Espíritu es una envoltura de justicia, una burbuja de pureza. Él mantiene frenada a la maldad. Cuando él sea quitado, literalmente la tierra se convertirá en un infierno. Quizá pensemos, *Es imposible que esto empeore...* pero sucederá. Cuando el que impide sea quitado de esta tierra, ¡por cierto que sucederá! Pero por ahora sabemos que su obra es evidente porque sigue deteniendo la iniquidad.

Vemos que el Espíritu regenera a los perdidos.

Lo que nace del cuerpo es cuerpo; lo que nace del Espíritu es espíritu. No te sorprendas de que te haya dicho: «Tienen que nacer de nuevo» (Juan 3:6-7).

Él sigue expandiendo las filas de la iglesia. No pasa una semana sin que vea, lea o escuche de la maravillosa decisión que alguien tomó de seguir a Cristo. Ese es el Espíritu de Dios que obra, conduciendo a las personas a Cristo... aún construyendo su iglesia. Sí, el Espíritu aún obra transformando vidas. Sigue tocando a las personas. Todavía usa a personas como usted y yo. El Espíritu de Dios está plenamente «vivo y coleando» en el planeta tierra. ¡Su ministerio está lejos de acabarse!

Nunca dude que el Espíritu de Dios siempre está obrando. No lo puede ver, de la misma manera que no puede ver el aire, pero lo puede percibir. Sabe que está presente. En ciertas ocasiones es casi como si lo pudiera tocar. Cuando se mueve entre un grupo de personas, las moviliza y las capacita. Las motiva. Las limpia. Las depura. Las encamina hacia un destino correcto. Cuando él está ausente, la vida es espantosa, desesperadamente vacía. Es como una muerte en vida.

Para empezar a redondear las ideas, permítame que le pida que imagine lo que significa contar con la presencia del Dios viviente dentro de usted. Piénselo, el tercer integrante de la deidad, la persona invisible y a la vez poderosa de la deidad, viviendo en su ser. ¿Usted piensa que no puede sobrellevar lo que le lanza la vida? ¿Piensa que no puede mantenerse firme o a solas en su vida? ¿Piensa que no puede hacer frente a las tentaciones? Pues, no puede hacerlo… usted solo. Pero al ser lleno de su Espíritu, con el poder mismo de Dios puesto en acción, puede sobrellevar lo que sea. El peso de la presión y la ansiedad pasará de nosotros a él. Es maravilloso.

La fe cristiana descansa en el poder de la persona de Jesucristo. Él nos llevó a la salvación. Él es quien nos capacita para vivir el estilo de vida de salvación por medio de su Espíritu. Cuando me entrego a Cristo, confío en que su Espíritu tomará el mando. Cuando lo hago, me abraza el Espíritu.

Se reduce a lo siguiente: permita que Dios conduzca. Va en contra de nuestra naturaleza porque somos adultos y somos fuertes, hemos sido capacitados, hemos estudiado, somos capaces. Olvide todo eso; permita que Dios conduzca. Suelte las riendas; no intente controlar la situación, y él lo llevará a lugares que lo dejarán boquiabierto de asombro. Permita que Dios conduzca.

Hace mucho encontré un pequeño escrito titulado: «El camino de la vida».

Al principio, percibí a Dios como mi juez, llevando un registro de las cosas que hacía mal, a fin de determinar si me merecía el cielo o el infierno al morir. Él estaba por ahí como una especie de presidente. Reconocía su imagen cuando la observaba, pero en realidad no lo conocía.

Más adelante, cuando conocí a Cristo, parecía que la vida se asemejaba a un paseo en bicicleta, pero era una bicicleta tándem. Noté que Cristo estaba en la parte posterior y me ayudaba a pedalear.

No sé en qué momento fue que me sugirió que cambiáramos de lugar, pero realmente la vida cambió bastante desde entonces. Cuando yo ejercía el control, conocía el camino. Era un poco aburrido, pero previsible… Era la distancia más corta entre dos puntos. Pero cuando él tomó el mando, conocía encantadores caminos largos, ascendiendo por las montañas, cruzando sitios rocosos a velocidad vertiginosa; ¡me costaba mantenerme aferrado! Aun cuando parecía ser una locura, él se reclinaba y decía: «¡Pedalea!».

Me preocupaba y me ponía ansioso, y preguntaba: «Y, ¿dónde me llevas?». Él se reía y nunca respondía, y yo aprendí a confiar en él. Olvidé mi vida aburrida y entré en la aventura. Y cuando yo le decía: «Tengo miedo», él se reclinaba y me tocaba la mano.

Al principio no confiaba en él, no para estar al mando de mi vida. Pensé que la estrellaría; pero él conoce secretos de ciclista. Él sabe cómo doblar y cómo tomar una curva cerrada, cómo saltar para evitar rocas elevadas. Sabe cómo acortar los trechos atemorizantes.

Estoy aprendiendo a callar y pedalear. Juntos vamos a los sitios más extraños. Estoy empezando a disfrutar del paisaje y de la brisa fresca en el rostro con mi compañero encantador, Jesucristo.

Y cuando tengo la convicción de que no puedo más, él sonríe y dice… «¡Pedalea!».

He vivido el tiempo suficiente y he recorrido lo suficiente como para poder manifestarle algo con plena confianza: para llevar una vida abrazada por su Espíritu, con su Espíritu en pleno control, no solo es una aventura, sino que es un estilo de vida asombroso. Las alturas, la profundidad y la visión van más allá de su imaginación más alocada. Podrá decir: «Gracias, Señor, por vivir tu vida a través de mí». Cada día de mi vida me sorprendo. Más aun, quedo anonadado ante todo lo que eso significa.

En breve habrá terminado con este libro. ¿Me permite pedirle una cosa? Sencillamente quédese sentado en silencio durante unos instantes delante del Señor. En retrospectiva, quizá vea cosas que requieren de su atención. O bien, tal vez le haga brotar una sonrisa al darse cuenta de cuán bondadoso ha sido Dios. Cuando piense hacia el futuro, es posible que sienta punzadas de temor. Es un buen momento para contárselo. Pídale tranquilidad y una sensación de paz. Pídale que le llene la vida con su Espíritu, al rendir todo lo que dice y hace, todo lo que es usted, a su control.

A menudo comienzo mi día diciendo: «Señor, no sé lo que me depara este día pero tú sí lo sabes. No sé lo que contiene para ti ni para mí, pero soy tuyo. Te invito a que me guíes paso a paso. Quiero que tu poder marque mis pasos. Detenme si me dirijo en sentido equivocado. Impúlsame si estoy lento. Hazme arrancar de nuevo si titubeo. Corrige mi rumbo si me desvío. Pero no me permitas que tome mi propio camino. Lléname de tu presencia y poder».

El Espíritu no es imaginario. Es real y relevante. Él puede convertir cada uno de nuestros días en algo bello, algo útil para la gloria de Dios y para nuestro bien.

Permítale que conduzca, mi amigo. Se sorprenderá ante su poder. Será abrazado por su Espíritu. No solo se trata de una manera *estupenda* de vivir… es la única manera de vivir.

Notas

Introducción

1. Stuart Hample y Eric Marshall, *Cartas que los niños le escriben a Dios*, Grupo Editorial Norma, Bogotá, Colombia, 1995 (pp. 6–44 del original en inglés).

Capítulo 1

1. Archibald Thomas Robertson, *Imágenes verbales en el Nuevo Testamento Volumen III: Los Hechos de los Apóstoles*, Editorial Clie, Barcelona, España, 1989 (p. 10 del original en inglés).
2. F.F. Bruce, *Hechos de los apóstoles*, Libros Desafío, Grand Rapids, MI, 2008 (pp.38–39 del original en inglés).

Capítulo 2

1. Robert E. Coleman, *El plan maestro de la evangelización*, Unilit, Miami, FL, 1998 (p. 23 del original en inglés).
2. Ibid., (22–23 del original en inglés).
3. Max DePree, *Leadership Jazz* [Jazz del liderazgo], Doubleday, Nueva York, 1992, pp. 14–15.

Capítulo 4

1. Henry Blackaby, *Mi experiencia con Dios*, Casa Bautista de Publicaciones, El Paso, Texas, 1996 (p. 196 del original en inglés).
2. Henri Nouwen, *The Inner Voice of Love* [La voz interior del amor], Image Books, Nueva York, 1999, p. 34.

Capítulo 6

1. Leighton Ford, *Liderazgo de transformación*, Editorial Peniel, Miami, Florida, 2010, (p. 15 del original en inglés).

2. Franklin Graham, *Bob Pierce: This One Thing I Do* [Bob Pierce: Una cosa hago], W Publishing Group, Dallas, Texas, 1983, n.p.

Capítulo 7

1. C. Everett Koop, «Faith Healing and the Sovereignty of God» [Sanidad por fe y la soberanía de Dios], en *The Agony of Deceit* [El martirio del engaño], ed. Michael Horton, Moody Press, Chicago, 1990, p. 169.

Guía de estudio

Introducción

Un Vistazo

Chuck Swindoll lo guía a descubrir más acerca del papel que cumple el Espíritu Santo en su vida, y de cómo la profundización de su relación pudiera ser la llave que le permite liberar su deseo de acercarse a Dios. Si está listo para acceder a la pasión y el gozo que desde hace mucho necesita en su andar con Cristo, descubra cómo su relación con el Espíritu de Dios es la respuesta.

Lea

Introducción (páginas 5–8); Jeremías 29:13; Juan 10:10

Preguntas

1. Léase página 5. ¿Con cuál se identifica más, el primer párrafo o el segundo? ¿De qué manera describe su respuesta lo que espera obtener mediante la lectura acerca del Espíritu Santo? Comparta con su grupo o con un amigo un anhelo que tiene relacionado con este nuevo estudio.

2. En tres palabras o menos, describa lo que se le ocurre cuando escucha, «Espíritu Santo». ¿Qué clase de sentimiento le asigna a esta descripción? ¿Temor? ¿Inquietud? ¿Entusiasmo? ¿Curiosidad?

3. Chuck escribe: *A la mayoría de nosotros nos intriga el Espíritu Santo. Al igual que una polilla con una lámpara, su brillante calidez nos atrae. Es nuestro deseo acercarnos más, conocerle íntimamente. Anhelamos entrar en nuevas y estimulantes dimensiones de su obrar y, sin embargo, nos detenemos* (página

6). Describa una pregunta que tenga en cuanto al Espíritu, para la cual siempre haya deseado una respuesta, pero nunca la formuló.

4. Observe a continuación las preguntas que Chuck tratará en el este libro. ¿Cuál le interesa o le intriga más? ¿Por qué?

- ¿Quién es el Espíritu Santo?
- ¿Por qué necesito al Espíritu?
- ¿Qué significa ser lleno del Espíritu?
- ¿Cómo sé que me guía el Espíritu?
- ¿Cómo me libra del pecado el Espíritu?
- ¿Puede impulsarme hoy el Espíritu?
- ¿Sana el Espíritu en la actualidad?
- ¿Cómo puedo conocer —verdaderamente experimentar— el poder del Espíritu?

Una cosa para hacer hoy

Ore. Sencillamente pídale al Señor que le muestre algo acerca de él mismo mediante esta mirada atenta a su Espíritu. Muestra de una oración¯: «Señor, has prometido que los que te buscan te hallarán si te buscamos de todo corazón. Al principio de este estudio, quiero decirte hoy que te amo y deseo conocerte de una manera más profunda y más personal. No quiero solo enterarme de hechos en cuanto a ti; quiero conocerte. No quiero perderme ni una sola cosa que tengas para nuestra relación. Me entusiasma lo que pueda descubrir en cuanto al Espíritu Santo a medida que leo el presente libro.

»Si hay en mi corazón algo que pudiera constituir una barrera que me impidiera crecer en profundidad, te ruego que me la reveles a fin de que tengas acceso pleno a mi vida.

»Pongo a tus pies estas inquietudes, Señor…

»Te ruego que me ayudes hoy en estos aspectos, Señor…».

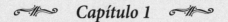

Capítulo 1

¿Quién es el Espíritu Santo?

Un vistazo

Como una de sus acciones finales en esta tierra antes de ascender en las nubes al cielo, Jesús aseguró a sus discípulos que no los abandonaría, dejándolos solos para enfrentarse a la vida. Él nos daría su propio Espíritu a fin de que habitara dentro de nosotros. Jesús llamó a su Espíritu «el Consolador». Obtenga una renovada perspectiva en el presente capítulo en cuanto a todas las maneras en que el Consolador le ministra, incluso de maneras que quizá usted no note.

Lea

Capítulo 1 (páginas 9–26); Juan 14:16–18

Preguntas

1. ¿Alguna vez hizo la conexión entre la planificación de los últimos días de Jesús con los discípulos y su promesa de que enviaría a su Espíritu? Jesús deseaba mantener la relación con los seres humanos, ahora por medio de su Espíritu. ¿Qué le parece eso? ¿Cómo puede su comprensión de quién es Jesús transferirse a su comprensión de quién es su Espíritu? ¿Cuáles características comparten?

2. ¿Por qué resulta más ventajoso para nosotros contar con la presencia del Espíritu Santo que con Cristo mismo?

3. Podemos leer en varios lugares en la Biblia que el Espíritu que mora en nosotros es la garantía de parte de Dios de cumplir sus promesas hoy y sus promesas venideras (2Corintios 1:22; 5:5). ¿Qué tipo de ánimo o de consuelo le proporciona eso?

Una cosa para hacer hoy ✒

Al dedicarse hoy a los detalles de su vida, considere la realidad de que no está solo. Jesús prometió que no le dejaría «huérfano» y, por lo tanto, le dio su Espíritu a fin de que habitara dentro de usted. Si le conoce como Salvador, tiene al Espíritu de Dios consigo. Háblele hoy como su Compañero, Consolador, Salvador y Amigo.

✒ *Capítulo 2* ✒

¿POR QUÉ NECESITO AL ESPÍRITU?

UN VISTAZO

En el capítulo 2, Chuck Swindoll adopta una postura personal. Al examinar primeramente la diferencia radical que el Espíritu obró en la vida de los discípulos, el enfoque debe entonces volverse naturalmente hacia nosotros. ¿Qué diferencia ha producido el Espíritu en su vida? Es una pregunta que vale la pena considerar.

LEA

Capítulo 2 (páginas 27–41); Juan 16:13; Romanos 12:1–2

PREGUNTAS

1. El plan principal del Espíritu es su transformación. ¿De qué maneras ha cambiado su mente, su carácter, su esperanza, su perspectiva, etc. desde que vino a Cristo? Léase la palabra alentadora de Chuck: *No solo implica eso que el Espíritu le aclarará las Escrituras, sino que también tomará las circunstancias y le dará claridad para entenderlas. En otras palabras, él le transforma la mente. Toma las presiones de la vida y las usa para madurarlo a usted. Le transforma el carácter. Lo nutre.*

162

Le consuela cuando está quebrantado por causa del temor. Le transforma la esperanza. Le dice que se avecina otro día, cuando usted no puede ver el final del túnel. Le brinda una razón para seguir viviendo cuando parece que la muerte está cercana. Transforma su manera de pensar. Le transforma el corazón. Le transforma la perspectiva (páginas 40–41).

2. En la página 40, Chuck nos anima: *El tercer miembro de la deidad, la invisible pero poderosa representación de la deidad, vive dentro de su ser. ¿Le parece que no puede sobrellevar lo que la vida le lance? ¿Le parece que no puede mantenerse firme o cuando sea necesario estar de pie solo en la vida? ¿Le parece que no puede lidiar con las tentaciones del pecado? A decir verdad, tiene razón; solo no puede hacerlo. Tampoco pudieron esos discípulos. Pero con el poder mismo de Dios puesto en marcha, usted puede hacerlo.* Testifíquele a alguien acerca de cómo el Espíritu de Dios le dio la capacidad y el poder de hacer algo que no pudo haber hecho por cuenta propia (victoria sobre la tentación, lograr algo difícil, etc.). Incluso al comunicar esto, ¿percibe que el Espíritu de Dios despierta fe en usted?

Una cosa para hacer hoy

¿De dónde proviene su capacidad en su manera de afrontar las cosas difíciles en la vida actual: pruebas, tentaciones, decisiones de carácter? Reconozca delante del Señor que no lo puede hacer solo. Quizá se da cuenta ahora mismo que ha estado intentando hacerlo por cuenta propia, y se lo entrega al Señor y le pide ayuda. El Señor está dispuesto. Recuerde que su Espíritu se llama «el Consolador».

⊶⊷ *Capítulo 3* ⊶⊷

¿Qué significa ser lleno del Espíritu?

Un Vistazo

La mayor parte de la vida ocurre en el medio. Las crisis vienen pero por lo general no duran. Tenemos la tendencia de clamar al Señor en tiempos de desesperación pero, a decir verdad, lo necesitamos de igual manera en tiempos normales y cotidianos. El Espíritu de Dios proporciona lo que necesitamos en ambas instancias. Descubra cómo acceder al poder del Espíritu para vivir la vida cristiana... en los días difíciles y en los días de intermedio.

Lea

Capítulo 3 (páginas 43–63); Gálatas 5:22–23; Efesios 5:18–21

Preguntas

1. ¿Cómo sabe que ha sido lleno? Quizá para empezar sería bueno echarle un vistazo a la lista de Gálatas 5 del fruto del Espíritu de Dios en control. ¿Soy más amable? ¿Más paciente? ¿Perseveré? Anote la lista en la parte de atrás de su Biblia, o en su diario, o en algún sitio donde la pueda consultar con frecuencia. Pídale al Señor que controle su vida de tal manera que dicho fruto se exprese de manera natural y cotidiana en su vida.

2. Chuck nos dice en las páginas 59–62 que podemos darnos cuenta que estamos llenos del Espíritu de Dios en base a Efesios 5:18–21; *Cuando estoy lleno del Espíritu, mi corazón es receptivo a la enseñanza. Cuando estoy lleno del Espíritu, mi corazón está melodioso. Cuando estoy lleno del Espíritu, mi*

corazón está agradecido. *Cuando estoy lleno del Espíritu, mi corazón es humilde.* Pregúntese: ¿Soy receptivo a la enseñanza? ¿Gozoso? ¿Agradecido? ¿Humilde? Pídale al Señor que afirme su necesidad de Su Espíritu para hacer tangibles estas evidencias en su vida.

3. En la siguiente cita de las páginas 58–59, subraye las frases que se refieren a rubros de necesidad en su vida. Convierta dichas necesidades en una oración pidiendo la ayuda del Espíritu:

Con el tiempo, al experimentar su plenitud, se convierte en una parte constante de nuestra conciencia y de nuestra vida. Sin embargo, empezamos en forma deliberada, lenta y cuidadosa. Nos hace falta el Señor para capacitarnos con discernimiento, para andar en obediencia, para percibir el mal cuando nos topamos con él y para mantenernos alejados del mismo. Para mantenernos fuertes cuando viene la tentación. Para guardar nuestra lengua de hablar cosas erradas o hablar demasiado o hablar sin pensar. Necesitamos que el Espíritu se haga cargo de nuestros ojos, nuestra lengua, nuestras emociones, nuestra voluntad y nos use, porque queremos operar bajo su control de manera permanente. Esto, mi amigo, se denomina el andar cristiano.

Una cosa para hacer hoy

Chuck manifiesta que muchas mañanas comienza el día sentado al borde de la cama diciendo: *Este es tu día, Señor. Quiero estar a tu disposición. No tengo idea de lo que contendrán estas próximas veinticuatro horas. Pero antes de que tome mi primer sorbo de café, e incluso antes de que me vista, quiero que sepas que a partir de este momento, y a lo largo de este día, soy tuyo, Señor. Ayúdame a apoyarme en ti, a obtener fuerzas de ti y a permitir que llenes mi mente y mis pensamientos. Toma control de mis sentidos de modo que quede literalmente lleno de tu presencia e investido de tu energía. Hoy deseo ser tu herramienta, tu vaso. No puedo hacer que eso suceda. Y por eso digo, Señor, lléname hoy de tu Espíritu.*

Usted puede empezar su día hoy con una oración similar. «Señor, capacítame hoy para vivir la vida cristiana auténtica para tu gloria». Adáptela según sus propios detalles dependiendo de las necesidades de su día específico.

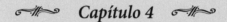

∽✠∾ *Capítulo 4* ∽✠∾

¿CÓMO SÉ QUE ME GUÍA EL ESPÍRITU?

UN VISTAZO

Ninguno de nosotros desea perderse lo mejor de Dios para nuestra vida. Todos deseamos que su presencia conductora nos mantenga en un rumbo firme. De modo que, ¿cómo hallamos dicha dirección, dicha guía? Es la obra del Espíritu Santo, el Consolador que se pone a la par de nosotros. Permita que el Señor lo conduzca hacia su verdad al leer más acerca de este asunto personal de cómo dirige nuestra vida.

LEA

Capítulo 4 (páginas 65–87); Efesios 6:6; Hebreos 11:6

PREGUNTAS

1. Piense en retrospectiva acerca de su vida, tanto antes como después de haber venido a Cristo como su Salvador. ¿Puede observar sus experiencias de su vida y recordar algún momento en el que ahora percibe que el Señor lo guiaba?
2. Considere cómo el Espíritu ha estado obrando en su vida en días recientes. Chuck enumera ejemplos de la obra del Espíritu en la lista que se presenta en las páginas 67–68. ¿Puede usted identificarse con alguna de estas experiencias?

3. En la página 66 leemos: *Si pudiéramos ver el obrar del Espíritu en nuestra vida, nos daríamos cuenta de que en cada situación Dios realiza cientos de cosas que no podemos ver y que no sabemos.* ¿De qué manera alienta esto su fe? Considere animar a un amigo con dicha cita, para luego decirle cómo percibe usted la obra de Dios en la vida de esta persona.

Una cosa para hacer hoy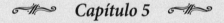

¿Cuál es el motivo que lo lleva a esperar en Dios en este momento? ¿Una decisión que debe tomar? ¿Una situación que requiere de solución? ¿Una relación que necesita restauración? Tenga la convicción de que Dios lo está guiando a una conclusión en dicho asunto. Procure ver su mano en oportunidades y tenga disposición de hacer lo que él le muestre que haga.

⌘ *Capítulo 5* ⌘

¿Cómo me libra del pecado el Espíritu?

Un Vistazo

El pecado en toda su fealdad nos tiene asidos de tal manera que no podemos escapar, y nos esclaviza en modos de pensamiento y en conductas que afligen al Señor y nos lastiman. Si el Espíritu no habitara en nosotros y nos brindara ayuda constante, el pecado nos envolvería con sus cadenas personalizadas y hechas a nuestra medida. Nos destruiría… en un instante. De por sí, el efecto devastador del pecado en nuestra vida personal va más allá de lo que cualquiera de nosotros pudiera imaginar. Es hora de rendir nuestro lado oscuro al control del Espíritu.

LEA

Capítulo 5 (páginas 89–105); Romanos 6:6, 12–13

PREGUNTAS

1. ¿Alguna vez se sintió atrapado por su propio pecado? ¿Ha intentado dejar de cometer cierto pecado, para luego ser derrotado por su propio lado oscuro? ¿Se siente víctima de su pecado? En lugar de dejar estos pensamientos de lado, acéptelos en forma directa. Los pecadores necesitan de un Salvador. ¡Muéstrese agradecido de que lo tiene!

2. ¿Está de acuerdo o no? *A decir verdad, no es* necesario *que peque. ¿Sabe por qué peca? ¡Porque* desea *hacerlo!*

3. Considere algún pecado contra el que a menudo lucha. Ahora lea lo que manifiesta Chuck en las páginas 100–101: *Romanos 6:14 declara: «El pecado no tendrá dominio sobre ustedes, porque ya no están bajo la ley sino bajo la gracia». ... Me agrada la manera en que la paráfrasis de J. B. Phillips interpreta el mismo versículo: «Como hombres [y mujeres] rescatados de una muerte segura, pónganse en las manos de Dios como instrumentos de bien para sus propios propósitos. Pues no se supone que el pecado sea el amo de ustedes». ... ¿Está prestando atención a esto? Entonces abandone el hábito de obedecer a su antiguo instructor. Ya no está más a cargo de usted.*

Una cosa para hacer hoy

Identifique ese asunto que lo mantiene hundido. Entrégueselo al control del Espíritu. Dicho pecado ya no es su amo... ¡Dios lo es!

᪾᳟᪾᳟᳟ **Capítulo 6** ᪾᳟᪾᳟

¿PUEDE IMPULSARME HOY EL ESPÍRITU?

Un Vistazo

En ocasiones, la única manera que Dios puede comunicarse con nosotros es por medio de impulsos interiores no identificados (IINIS), que se ven a veces como convicción, seguridad, dirección, tranquilidad o aliento. Dejemos de llamar a estas cosas «coincidencias», «pálpitos» y «sensaciones». Identifíquelos como la obra del Espíritu. Dios se está comunicando con usted por medio de su Espíritu.

Lea

Capítulo 6 (páginas 107–120); Proverbios 4:23

Preguntas

1. En las páginas 111–115. Chuck describió los impulsos interiores no identificados (IINIS) que experimentaron Elías y Pablo. Nombre a otra persona en la Biblia que experimentó un «IINI» de parte del Señor. Describa algún momento en el que sintió que experimentó un IINI.

2. ¿Se pregunta a veces si se trata de la guía del Señor o si es un suceso afortunado? Sería sabio considerar la lista de Chuck acerca de cuándo conviene resistir los impulsos interiores (página 117). ¿Acaso concuerda hoy alguna de estas advertencias con su propia experiencia? Él añade: *Todos esos son impulsos que no deben seguirse. Sin embargo, la otra cara de la moneda es que cuando tiene confianza de que proviene del Señor... ¡debe avanzar!*

3. Dios a menudo expresa: «Yo estoy contigo». Usted sabe por

anticipado que si realiza la travesía que tiene por delante, habrá pruebas. Sin embargo, el «suave susurro» del Señor dice: «Estoy contigo. Te proporcionaré la fuerza necesaria». Los IINIS como esos pueden resultar sumamente tranquilizadores. Recuerde algún momento en su vida cuando el Señor confirmó su presencia con usted por medio de su Espíritu. ¿De qué manera dicho recuerdo le aporta fe y confianza para la lucha de hoy?

Una cosa para hacer hoy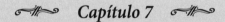

Préstele atención al consejo de Chuck (de las páginas 112–113): *Si hay algo que me turba en lo que respecta a nuestra cultura y a nuestra época, es el ruido y el ritmo de todo. Esas cosas impiden que la voz de Dios nos hable suavemente a fin de alcanzarnos. Les advierto que se cuiden de estar tan afanosos que se pierdan su voz. Den un paso hacia atrás. Tómense el tiempo necesario para escuchar. La voz de Dios puede estar en el terremoto o en el fuego. Allí hay mensajes. Pero a menudo, sus impulsos interiores se presentarán en el estanque profundo de nuestro espíritu, pues él dice sencillamente, «Sí, ve allí» o «Espera» o «No. Mantente alejado de eso». Aminore la marcha. Deje enfriar los motores. Tómese el tiempo necesario para escuchar.*

Capítulo 7

¿SANA EL ESPÍRITU EN LA ACTUALIDAD?

UN VISTAZO

Dios realiza algunas de sus mejores obras en nosotros durante el tiempo en que se demora la sanidad. Casi imperceptiblemente, nos convertimos en personas de sensibilidad más aguda, base más amplia de comprensión ¡y mecha más larga! La paciencia es un producto secundario del dolor que perdura. También lo son la tolerancia para con los demás y la obediencia delante de Dios. Resulta difícil saber cómo clasificar dichas características, pero a falta de un rótulo mejor, denominemos al paquete completo *sabiduría dada por el Espíritu*. ¿Sana Dios? Sí, lo hace. También usa el dolor a fin de cumplir su propósito.

LEA

Capítulo 7 (páginas 121–140); Santiago 5:3–5; Salmo 119:67, 71; Eclesiastés 3:1–3

PREGUNTAS

1. ¿Alguna vez pidió en oración la sanidad de alguien y dicha persona se mejoró? ¿Alguna vez oró, y no se mejoró… o quizá falleció? ¿Cómo procesa dichos acontecimientos a nivel mental, espiritual y emocional?

2. ¿Conoce a alguien (o quizá ese alguien es usted) que ha padecido algún dolor a largo plazo? ¿Cuál es su respuesta ante la aseveración de Chuck: *La aflicción ha entrado en su vida, y aunque preferiría mucho más haberla superado, todavía no se ha acabado. El dolor que se ve forzado a soportar lo está reformando y rehaciendo en lo profundo de su ser* (página 136)?

3. Chuck escribe: *No existe la «suerte», la «coincidencia» ni la «fatalidad» para el hijo de Dios. Subyacente a toda experiencia que tengamos está nuestro amante y soberano Señor. Continuamente hace que las cosas obren según su plan y propósito infinitos. Y eso incluye nuestro sufrimiento* (páginas 139–140). ¿Qué opina de dicha declaración? ¿Le resulta liberadora, preocupante, consoladora, u otra cosa_____?

Una cosa para hacer hoy

En este capítulo, Chuck describe «Cinco Leyes del Sufrimiento» con respecto al pecado, la enfermedad, la salud y la sanidad:

- *Ley Nº 1: Hay dos clasificaciones del pecado.*
- *Ley Nº 2: El pecado original produjo sufrimiento, enfermedad y muerte a la raza humana.*
- *Ley Nº 3: A veces existe una relación directa entre pecados personales y enfermedad.*
- *Ley Nº 4: A veces no hay relación alguna entre pecados personales y enfermedad.*
- *Ley Nº 5: No es voluntad de Dios que todos se sanen.*
- *Y su corolario: A veces es voluntad de Dios que alguien se sane.*

Lea cada una otra vez. Escriba las leyes en la parte posterior de su Biblia. Con toda seguridad se encontrará con alguien que se preguntará por qué él o ella (o un ser querido) no recibe sanidad. Quizá Dios use sus palabras para calmar la ansiedad de dicha persona y quitar su confusión.

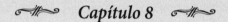

⚜ *Capítulo 8* ⚜

¿CÓMO PUEDO EXPERIMENTAR EL PODER DEL ESPÍRITU?

UN VISTAZO

La fuerza más poderosa en su vida al ser cristiano es algo que ni siquiera puede ver. Es tan poderosa que lo sostiene eternamente hasta que Cristo venga y afirme su destino, llevándole directamente a la eternidad. Mientras tanto, él está listo para obrar dentro de usted, transformando su vida. El poder del Espíritu aguarda a ser usado. El poder del Espíritu que está en control de la vida de un creyente es ni más ni menos que fenomenal.

LEA

Capítulo 8 (páginas 141–156); Juan 1:12; Romanos 8:16–17

PREGUNTAS

1. ¿Cómo completaría las dos oraciones siguientes?
   Soy cristiano porque _____.
   Soy lleno del Espíritu cuando _____.
   Como seguidor de Cristo, cuáles son ahora sus expectativas en cuanto a la obra del Espíritu en su vida en lo que respecta a: ¿Cómo le guía? ¿Cómo le proporciona el poder para llevar una vida piadosa? ¿Cómo le sana?

2. Observe la lista en las páginas 145–146. ¿Cuáles características en la lista despiertan su fe? ¿Le animan? ¿Le consuelan? Si el Espíritu le ministra por medio de dicha lista, anótela en la parte posterior de su Biblia para examinarla en un futuro. Estos son hechos… pruebas de la obra de Dios en usted en el momento de su salvación.

3. Ahora observe la lista en las páginas 147–148. Esta es una lista de las pruebas del obrar del Espíritu de Dios en usted porque usted colabora con él. Esta lista es optativa en la vida cristiana, o sea que usted lo decide. Copie dicha lista y póngala en un sitio donde la vea a menudo y donde le ayudará a estar lleno del Espíritu en forma diaria. ¿De cuáles puntos debe hacer memoria hoy?

Una cosa para hacer hoy

Al terminar el presente estudio, Chuck le hace un pedido: *¿Me permite pedirle una cosa? Sencillamente quédese sentado en silencio durante unos instantes delante del Señor. En retrospectiva, quizá vea cosas que requieren de su atención. O bien, tal vez le haga brotar una sonrisa al darse cuenta de cuán bondadoso ha sido Dios. Cuando piense hacia el futuro, es posible que sienta punzadas de temor. Es un* *buen momento para contárselo. Pídale tranquilidad y una sensación de paz. Pídale que le llene la vida con su Espíritu, al rendir todo lo que dice y hace, todo lo que es usted, a su control* (páginas 155–156).

Charles R. Swindoll ha dedicado más de cuatro décadas a dos pasiones: un compromiso inquebrantable con la comunicación y aplicación práctica de la Palabra de Dios, y una devoción incansable a ver vidas transformadas por la gracia de Dios. Chuck se graduó *magna cum laude* (con honores) del Dallas Theological Seminary [Seminario Teológico de Dallas] y desde entonces le han sido conferidos cuatro doctorados honoríficos. Por su enseñanza en el ministerio radial en inglés, Insight for Living, ha recibido el galardón de Programa del Año y el premio Hall of Fame [Salón de la Fama] de los National Religious Broadcasters [Locutores Religiosos Nacionales] como también múltiples premios por sus libros. Él y su esposa por más de medio siglo, Cynthia, viven en Texas.

Nos agradaría recibir noticias suyas.
Por favor, envíe sus comentarios sobre este libro a la dirección
que aparece a continuación. Muchas gracias.

Vida@zondervan.com
www.editorialvida.com